math

Cahier d'exercices

nouveau programme

W0362854

6e

Pierre Deu

BELIN Éditeur indépendant depuis 1777

8, rue Férou 75278 Paris cedex 06
www.editions-belin.com

collection prisme

Présentation de ton cahier d'exercices

Ce cahier est à toi, tu peux écrire dessus, tu peux le garder à la fin de l'année même quand tu auras rendu ton manuel au collège. Ce cahier contient tous les points du nouveau programme de l'année de 6e.

▶ Il suit l'ordre des chapitres du manuel *Prisme* des Éditions Belin mais on peut très bien l'utiliser avec d'autres manuels et l'ordre dans lequel sont présentés les thèmes n'est pas impératif.

▶ Il contient 15 chapitres.
Chaque chapitre comprend :
– un **rappel du cours** d'une page qui te permettra de retrouver facilement ce que tu dois savoir ;
– des **exercices** pour travailler sur cette partie du cours.

▶ Chaque exercice comporte le plus souvent :
– un exemple traité ;
– un premier cas où l'on est guidé dans la rédaction de la réponse ;
– plusieurs autres cas, à rédiger seul cette fois, et qui sont accompagnés de commentaires ou de conseils sur fond bleu.

▶ Ce cahier sert :
– à te mettre en confiance grâce aux rappels du cours qui sont très simples ;
– à réviser et à préparer tes contrôles ;
– à t'entraîner sur des thèmes difficiles.

Bon courage !

Illustrations : Finzo
Conception graphique couverture : Rampazzo & Associés

ISBN 2-7011-4124-9

Sommaire

1 NOMBRES DÉCIMAUX

Rappel de cours

Écritures des nombres décimaux

• Les dix **chiffres** 0, 1, 2, 3, 4, 5, 6, 7, 8 et 9 permettent d'écrire tous les **nombres** entiers ou décimaux.
La **position** d'un chiffre indique ce qu'il représente.

(partie entière) → 13 805,67 ← (partie décimale)

• Une **fraction décimale** est une fraction dont le dénominateur est 1, ou 10, ou 100, ou 1 000... et dont le numérateur est un nombre entier.

$$\frac{458}{100} = \frac{4\,580}{1\,000} = \ldots\ldots = 4{,}58$$

Abscisse d'un point

Pour graduer une demi-droite **d'origine O**, il faut choisir une **unité de longueur** que l'on reporte régulièrement à partir de O. Chaque point d'une demi-droite graduée peut être repéré par un nombre appelé l'**abscisse** de ce point.
L'abscisse du point C est comprise entre 2 et 3.

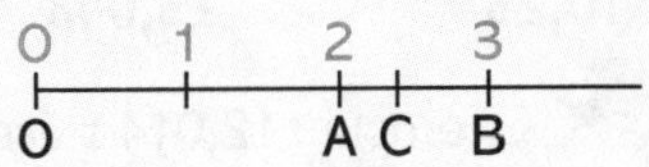

Comparer, ranger, encadrer

• Pour comparer deux nombres, on compare d'abord leurs **parties entières**.
Si leurs parties entières sont égales, on commence par comparer leurs chiffres des dixièmes, puis, si nécessaire, leurs chiffres des centièmes, etc.
Le signe $<$ se lit « inférieur à » et signifie « est plus petit que ». $4{,}52 < 4{,}6$
Le signe $>$ se lit « supérieur à » et signifie « est plus grand que ». $5{,}5 > 4{,}6$

• Ranger des nombres dans **l'ordre croissant**, c'est les ranger du plus petit au plus grand.
Ranger des nombres dans **l'ordre décroissant**, c'est les ranger du plus grand au plus petit.

• Encadrer un nombre c'est trouver un nombre plus petit et un nombre plus grand que celui-ci.

Écritures décimales

1 **a.** Écrire un nombre dont la partie entière est 12 et sa partie décimale 56.
b. Écrire un nombre dont la partie entière est le double de sa partie décimale.

Pour le b., il y a beaucoup de possibilités.

a. ....

b. ....

2 Écrire en chiffres les nombres suivants :

a. deux cent vingt-trois virgule douze
b. huit cent quatre-vingt-huit virgule quatre
c. deux mille unités douze centièmes
d. cent vingt-trois millièmes

★ Exemple : cent cinq virgule douze s'écrit 105,12

a. Deux cent vingt-trois virgule douze s'écrit ....

b. Huit cent quatre-vingt-huit virgule quatre s'écrit ....

c. Deux mille unités douze centièmes s'écrit ....

d. Cent vingt-trois millièmes s'écrit ....

3 Écrire en lettres les nombres suivants :

12,014 peut aussi s'écrire douze unités et quatorze millièmes.

10,25 **25,048** **30,02** **0,012**

★ Exemple : 12,014 s'écrit douze virgule zéro quatorze.

10,25 s'écrit ....

25,048 s'écrit ....

30,02 s'écrit ....

0,012 s'écrit ....

4 Compléter le tableau suivant.

Ne pas confondre chiffre des dizaines et nombre de dizaines.

Nombre	7,56	150,24	4,748	12,3
Chiffre des dizaines		5		
Nombre de dizaines		15		
Chiffre des centièmes	6			
Nombre de dixièmes			47	

5 **a.** **Sur la partie de demi-droite graduée ci-dessous, par quel nombre décimal peut-on repérer chacun des points A, B et D ?**
b. **Quel est le plus petit nombre que l'on peut repérer ? Quel est le plus grand ?**

★ Exemple : le point C est repéré par le nombre décimal 11,9.

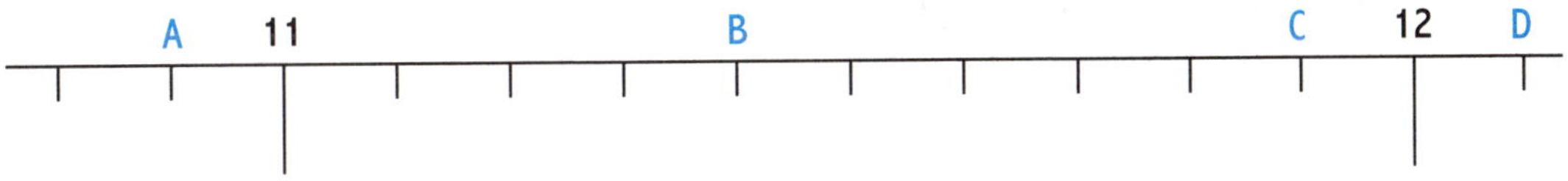

a. Le point A est repéré par ....

Le point B est repéré par ....

Le point D est repéré par ....

b. Le plus petit nombre décimal que l'on peut repérer est ...., le plus grand est ....

Fractions décimales

6 **Écrire chacun des nombres suivants sous la forme d'une fraction décimale.**

a. **3,4** **b.** **0,45** **c.** **10,02** **d.** **14,001**

★ Exemple : $1{,}23 = 1 + \frac{23}{100} = \frac{100}{100} + \frac{23}{100} = \frac{123}{100}$

a. $3{,}4 = 3 + \ldots\ldots = \frac{\ldots\ldots}{\ldots\ldots} + \frac{\ldots\ldots}{\ldots\ldots} = \frac{\ldots\ldots}{\ldots\ldots}$ b. 0,45 = ...

c. 10,02 = ... d. 14,001 = ...

7 **Donner l'écriture décimale de chacun des nombres suivants.**

a. $3 + \frac{8}{10}$ **b.** $12 + \frac{53}{100}$ **c.** $4 + \frac{3}{10} + \frac{45}{100}$ **d.** $12 + \frac{78}{100} + \frac{6}{10}$

★ Exemple : $4 + \frac{7}{100} = 4 + 0{,}07 = 4{,}07$

a. $3 + \frac{8}{10} = \ldots\ldots + \ldots\ldots = \ldots\ldots$ b. $12 + \frac{53}{100} =$ ....

c. $4 + \frac{3}{10} + \frac{45}{100} =$ ....

d. $12 + \frac{78}{100} + \frac{6}{10} =$ ....

Comparer, ranger, encadrer

8 **a.** **L'unité de longueur étant le centimètre, placer, sur la graduation ci-dessous, les points A, B, C, D, E, F, G repérés par les nombres :**
2,3 1,6 5,5 3,8 3,2 0,5 4,7
b. **Ranger les nombres 2,3 ; 1,6 ; 5,5 ; 3,8 ; 3,2 ; 0,5 et 4,7 par ordre croissant, c'est-à-dire du plus petit au plus grand.**

★ Exemple :

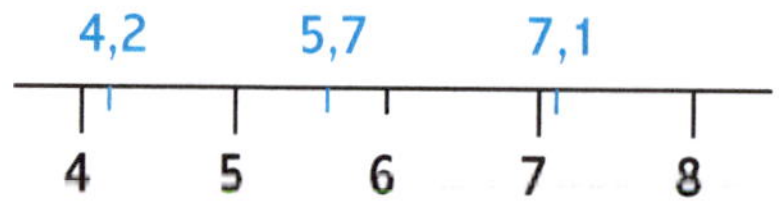

On a 4,2 < 5,7 < 7,1

a.

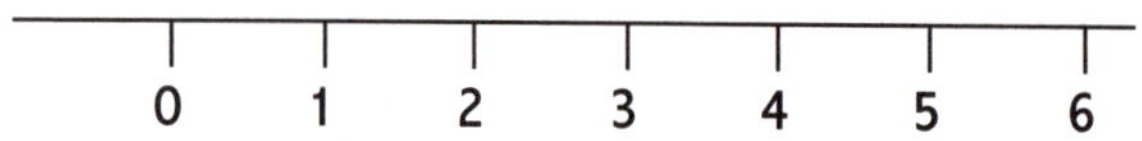

b. ....

9 **On donne le nombre 245,67.**
a. **Quel nouveau nombre obtient-on si on échange son chiffre des centaines et son chiffre des unités ? Ce nouveau nombre est-il plus petit ou plus grand que 245,67 ?**
b. **Même question avec les chiffres des dizaines et des dixièmes.**

a. Le chiffre des centaines est ......, celui des unités est ......, le nouveau nombre est ...., il est plus .... que 245,67.

b. ....

....

10 **Classer par ordre croissant les nombres suivants :**
A : sa partie entière est 12 et sa partie décimale est 24.
B : il comporte douze dizaines et vingt-quatre millièmes.
C : on le lit cent vingt unités et douze centièmes.
D : il comporte deux dizaines, deux unités et deux dixièmes.

Commencer par écrire chacun des nombres A, B, C et D sous la forme décimale.

....

....

....

11 **Citer dix nombres décimaux compris entre 12,3 et 12,4.**

Il y en a beaucoup.

....

12 **Encadrer chacun des nombres suivants par deux entiers consécutifs, puis indiquer l'entier le plus proche de ce nombre.**

a. 4,6 **b. 4,06** **c. 7,08** **d. 3,14**

★ Exemple : pour le nombre 2,718, on a 2 < 2,718 < 3. Les entiers consécutifs 2 et 3 encadrent 2,718. L'entier le plus proche de 2,718 est 3.

a. 4,6 Pour ce nombre, on a ...... < 4,6 < .... Les entiers ...... et ...... encadrent 4,6.

L'entier le plus proche de 4,6 est ....

b. 4,06 ....

....

c. 7,08 ....

....

d. 3,14 ....

....

Multiplication et division par 10, par 100, par 1 000…

13 **Compléter :**

a. 8,75 × ...... = 875

b. 37,4 × ...... = 3 740

c. 0,03 × ...... = 30

d. 7,04 × ...... = 70,4

14 **Atossa a acheté 10 carnets de 10 tickets de tombola pour 250 €. Quel est le prix d'un ticket de tombola ?**

....

....

15 **Compléter :**

a. 8,75 : ...... = 0,0875

b. 37,4 : ...... = 3,74

c. 0,03 : ...... = 0,00003

d. 7,04 : ...... = 0,0704

Les mesures

16 **Compléter :**

Si besoin, faire un tableau d'unités.

1,254 m = ... dm = ... cm = ... mm
51,2 m = ... dam = ... hm = ... km
357 m = ... dam = ... cm = ... km
0,49 m = ... dm = ... hm = ... mm

17 **a. Un objet mesure 23,48 m de haut. Si on exprime cette hauteur en dm, quelle est la partie entière du nombre représentant cette hauteur ?**
b. En dam, quelle est la partie décimale du nombre représentant cette hauteur ?

a. ....

....

b. ....

....

18 **Classer par ordre croissant de poids les objets suivants :**

Commencer par tout convertir dans la même unité. L'unité la plus petite sera peut-être la plus simple !

Objet A	Objet B	Objet C	Objet D	Objet E	Objet F
12,5 g	0,45 kg	235 mg	78,4 dag	0,0052 hg	45 700 cg

....

....

....

Objet ...... < Objet ...... < Objet ...... < Objet ...... < Objet .... < Objet ....

19 **Dans le pays Mathland, les unités sont exprimées en Bombom.**
Convertir en Bombom :
a. 4 kiloBomboms **b. 45,5 décaBomboms** **c. 10,025 hectoBomboms**

a. 4 kiloBomboms = ... Bomboms.

b. 45,5 décaBomboms = ...

c. 10,025 hectoBomboms = ...

2 Addition Soustraction

Rappel de cours

L'addition

• **L'addition** est l'opération qui permet de calculer la **somme** de deux termes.
37,2 + 7,5 = 44,7 37,2 et 7,5 sont les termes de la somme 37,2 + 7,5.

• Pour calculer une somme, on peut **changer l'ordre des termes**.
11,3 + 4,8 = 16,1 4,8 + 11,3 = 16,1

• Pour calculer une somme, on peut **regrouper différemment les termes**.
7,2 + 5,6 + 4,3 = 12,8 + 4,3 = 17,1
7,2 + 5,6 + 4,3 = 7,2 + 9,9 = 17,1

Remarque : on peut aussi déterminer un ordre de grandeur d'une somme comme 77,8 + 112,4.
77,8 est proche de 80 et 112,4 est proche de 110.
Or 80 + 110 = 190 ; donc 77,8 + 112,4 est proche de 190.

La soustraction

• **La soustraction** est l'opération qui permet de calculer la **différence** de deux termes.

58,5 – 21,4 = 37,1 58,5 et 21,4 sont les termes de la différence 58,5 – 21,4.

La différence de deux nombres est le nombre qu'il faut ajouter au plus petit pour obtenir le plus grand.

La différence 12,5 – 4,1 est égale à 8,4. Ainsi 8,4 est le nombre qu'il faut ajouter à 4,1 pour obtenir 12,5.

Techniques opératoires

1 **Calculer les sommes et différences suivantes en posant l'opération :**
128,7 + 234,8 **245,24 – 145,72**
452,4 + 124,23 **458,14 – 47,6**

Bien aligner les virgules et penser aux retenues.
Penser aussi aux zéros inutiles !

★ Exemples :

$$\begin{array}{r} 234{,}7 \\ +\ 148{,}5 \\ \hline 383{,}2 \end{array} \qquad \begin{array}{r} 562{,}3 \\ -\ 248{,}9 \\ \hline 313{,}4 \end{array}$$

$$\begin{array}{r} 128{,}7 \\ +\ 234{,}8 \\ \hline \end{array} \qquad \begin{array}{r} 245{,}24 \\ -\ 145{,}72 \\ \hline \end{array} \qquad \begin{array}{r} 452{,}4 \\ +\ 124{,}23 \\ \hline \end{array} \qquad \begin{array}{r} 458{,}14 \\ -\ 47{,}6 \\ \hline \end{array}$$

....

128,7 + 234,8 = ... 245,24 – 145,72 = ...

452,4 + 124,23 = ... 458,14 – 47,6 = ...

2 Effectuer les additions suivantes en ligne :

a. 12 + 45 **b.** 456 + 23 **c.** 78 + 123 **d.** 12,3 + 45,7 **e.** 4,5 + 45,2 **f.** 2,3 + 45,12

★ Exemple : 47 + 25 ; on calcule 5 + 7 soit 12, on écrit à droite le 2 comme chiffre des unités du résultat et on retient 1 dizaine, 2 + 4 + 1 (de retenue) soit 7. Le résultat est 72.

a. 12 + 45 = ... b. 456 + 23 = ...

c. 78 + 123 = ... d. 12,3 + 45,7 = ...

e. 4,5 + 45,2 = ... f. 2,3 + 45,12 = ...

3 Compléter les égalités sans poser les opérations.

Le résultat sera plus petit que le premier terme.

a. 78,7 – 1,3 = ☐ **b.** 23,8 – 12,3 = ☐ **c.** 712,4 – 13,9 = ☐

★ Exemple : 12,3 – 2,2 = 10,1 (vérification 10,1 + 2,2 = 12,3)

a. 78,7 – 1,3 = ... (vérification : .... + ... = ...)

b. ....

c. ....

4 Trouver les chiffres manquants :

$$\begin{array}{rr} & 4\,2\,3\,8\,,\,2\,7 \\ + & \square\,2\,\square\,,\,\square\,8 \\ \hline & 4\,3\,\square\,5\,,\,7\,\square \end{array} \qquad \begin{array}{rr} & \square\,8\,8\,,\,2\,\square \\ + & 4\,2\,1\,,\,\square\,3 \\ \hline & 8\,\square\,9\,,\,3\,0 \end{array}$$

5 Calculer mentalement :

a. 45 + 9 **b.** 123 + 99 **c.** 47 – 9 **d.** 145 – 99 **e.** 45 + 32 **f.** 125 – 49

a. 45 + 9 = ... b. 123 + 99 = ... c. 47 – 9 = ...

d. 145 – 99 = ... e. 45 + 32 = ... f. 125 – 49 = ...

Résoudre un problème

6 La voiture de Morgan a un réservoir pouvant contenir 68 litres d'essence. Il y a 20 jours, Morgan avait fait le plein.
Aujourd'hui il fait le plein en prenant 52,4 litres d'essence à la pompe. Quelle quantité d'essence restait-il dans le réservoir ?

> Penser à la quantité d'essence qu'il n'a pas pu mettre car le réservoir n'était pas vide.

7 Si j'achète ce livre en payant avec un billet de 20 €, la caissière me rendra 2,4 €.
Quel est le prix de ce livre ?

8 Il me manque 4,2 € pour acheter ce magnifique bouquet de fleurs qui coûte 25 €.
Quelle somme d'argent ai-je sur moi ?

9 Dans le bus il y 24 personnes. À la station du collège, 8 personnes descendent et 3 montent.
Combien de personnes restent dans le bus ?

> C'est comme si … personnes descendaient.

10 Le compteur kilométrique d'une voiture indique 78 456,7 km.
Quelle distance doit parcourir cette voiture pour :
a. que le compteur indique 100 000 km ?
b. que le chiffre des centaines et celui des dixièmes soient inversés ?

a. …………

b. …………

Ordres de grandeur

11 **En remplaçant les termes des opérations par des ordres de grandeurs simples, donner un ordre de grandeur des sommes suivantes :**

a. 48,5 + 102,4 + 985,3 b. 0,98 + 102,3 + 4 102,45

> Pour vérifier un calcul, il est souvent utile de remplacer un nombre par une valeur approchée simple qu'on appelle un ordre de grandeur de ce nombre.

★ Exemple : 48 + 108 peut se remplacer par 50 + 100 donc 150 sera un ordre de grandeur de 48 + 108.

a. 48,5 + 102,4 + 985,3 peut se remplacer par .... + ... + ... donc .... sera un ordre de grandeur de 48,5 + 102,4 + 985,3.

b. ....

....

12 **Calculer un ordre de grandeur de chacune des opérations suivantes et indiquer si on peut déjà prévoir que le résultat est faux.**

a. 4,5 + 14,2 + 7,8 = 26,5 b. 45,2 + 18,7 – 32,4 = 96,3 c. 0,12 + 1,02 + 1,12 = 22,6

★ Exemple : pour l'opération 45,2 + 2,45 = 6,97, on estime le résultat de l'ordre de 50 + 2 soit 52. Le résultat proposé est forcément faux (mauvais alignement des virgules) !

a. 4,5 + 14,2 + 7,8 = 26,5 Un ordre de grandeur est : ...... + ... + ... soit ....

Le résultat proposé est ....

b. 45,2 + 18,7 – 32,4 = 96,3 ....

....

c. 0,12 + 1,02 + 1,12 = 22,6 ....

....

13 **Donner un ordre de grandeur du périmètre de la figure ci-dessous :**

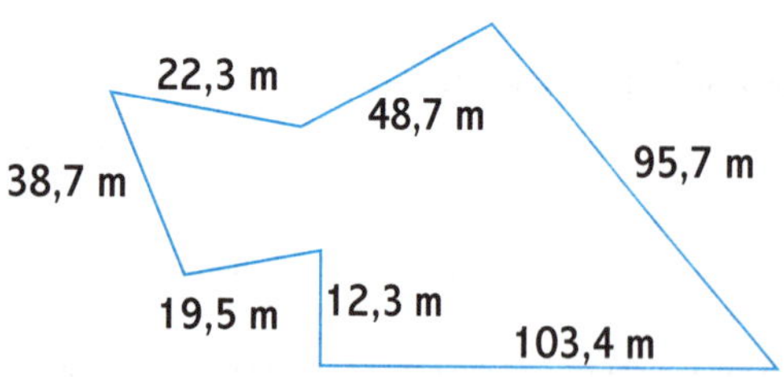

....

....

....

....

Calculs de durées

14 **Calculer les durées suivantes :**

a. **2 h 25 min + 4 h 17 min** **b.** **5 h 25 min + 2 h 56 min**

c. **5 h 42 min – 2 h 23 min** **d.** **4 h 12 min – 1 h 45 min**

Attention, nous ne sommes plus dans le système décimal
1 heure = 60 minutes.

★ Exemple : 3 h 26 min + 2 h 45 min. On additionne les minutes (26 + 45), on obtient 71 minutes soit 60 minutes + 11 minutes. On pose 11 minutes et on rajoute 1 heure.
On additionne les heures (3 + 2 + 1), on obtient 6 heures.
On a donc 3 h 26 min + 2 h 45 min = 6 h 11 min.

a. 2 h 25 min + 4 h 17 min ....

....

b. 5 h 25 min + 2 h 56 min ....

....

c. 5 h 42 min – 2 h 23 min ....

....

d. 4 h 12 min – 1 h 45 min ....

....

15 **Quand il est 8 h à Paris, il est 3 h à New York et 16 h à Séoul.**

a. **Quand il sera 15 h 32 min à Paris, quelle heure sera-t-il à Séoul ? Quelle heure sera-t-il à New York ?**

b. **Quand il sera 23 h 15 min à Séoul, quelle heure sera-t-il à Paris ?**

c. **Quand il sera 10 h 25 min à New York, quelle heure sera-t-il à Séoul ?**

a. ....

....

b. ....

....

c. ....

....

....

....

Petits problèmes

16 Un carré magique est une grille remplie de nombres disposés de telle façon que leur somme soit la même, si on les ajoute en ligne, en colonne ou en diagonale.
Dire si le carré ci-dessous est magique :

....

....

....

3,2	0,6	0,4	2,6
1	2	2,2	1,6
1,8	1,2	1,4	2,4
0,8	3	2,8	0,2

17 Compléter la grille ci-contre pour en faire un carré magique :

0,3		1,3		1,5
2			1,4	0,2
0,7		1,3	0,1	1,9
		0,5	1,8	0,6
1,1	0,4	1,7		2,3

Commencer par trouver à quel nombre doit être égale la somme des lignes et des colonnes.

18 Deux nombres sont mariés si leur somme est égale à 10. Un seul nombre est célibataire, lequel ?

1,8	4,1	5,3	5,1	8,7	3,1	6,6	9,7	5,4
0,3	3,7	5,9	7,4	4,6	8,2	9,7	2,5	1,3
4,7	3,4	8,7	4,9	1,3	6,9	7,5	0,3	2,6

....

....

19 Compléter le schéma ci-dessous en retrouvant les nombres et les signes d'addition ou de soustraction qui manquent.

45,3	−	7,8	=	......
+		......		......
......	......	4,5	=	8,1
=		=		=
57,9	......	12,3	=	45,6

20 Compléter le tableau ci-dessous :

a	12,4	17,8	......	12,3	......
b	5,6	......	4,2	......	41,2
a + *b*	......	23,4	25,3	......	......
a − *b*	......	......	......	7,8	4,7

3 Multiplication

Rappel de cours

La multiplication

• **La multiplication** est l'opération qui permet de calculer le **produit** de deux **facteurs.**
7,2 × 4 = 28,8 — 7,2 et 4 sont les facteurs du produit 7,2 × 4

• Pour calculer un produit, on peut **changer l'ordre des facteurs.**
2,3 × 7 = 16,1 — 7 × 2,3 = 16,1

• Pour calculer un produit, on peut **regrouper différemment les facteurs.**
3 × 4,1 × 5 = 12,3 × 5 = 61,5
3 × 4,1 × 5 = 3 × 20,5 = 61,5

Remarque : on peut aussi déterminer un ordre de grandeur d'un produit comme 10,2 × 198,7.
10,2 est proche de 10 et 198,7 est proche de 200.
Or 10 × 200 = 2 000 ; donc 10,2 × 198,7 est proche de 2 000.

Produit de deux nombres décimaux

• Un dixième multiplié par un dixième est égal à un centième.
Un centième multiplié par un centième est égal à un dix millième.
Un dixième multiplié par un centième est égal à un millième.

$$0{,}2 \times 0{,}04 = \frac{2}{10} \times \frac{4}{100} = \frac{8}{1\,000} = 0{,}008$$

• Attention, la multiplication n'agrandit pas toujours.
Le produit de deux nombres décimaux peut être inférieur à l'un de ses facteurs.
Ainsi 8 × 0,2 = 1,6 et 1,6 est plus petit que 8.

Multiplication par 0,1, par 0,01, par 0,001

Multiplier un nombre décimal par 0,1, par 0,01, par 0,001 … revient à diviser ce nombre par 10, par 100, par 1 000 …

Ainsi pour multiplier 478 par 0,001 on peut écrire :
478 × 0,001 = 478 : 1 000 = 0,478.
Ici, cela revient à déplacer la virgule de trois rangs vers la gauche.

Multiplication par un nombre entier

1 **Écrire chacune des sommes suivantes sous la forme d'un produit :**

a. $4{,}5 + 4{,}5 + 4{,}5 + 4{,}5$ **b.** $\pi + \pi + \pi + \pi + \pi + \pi$

★ Exemple : $7{,}82 + 7{,}82 + 7{,}82 = 7{,}82 \times 3$

a. $4{,}5 + 4{,}5 + 4{,}5 + 4{,}5 = 4{,}5 \times$ ......

b. $\pi + \pi + \pi + \pi + \pi + \pi =$ ...... × ......

2 **Écrire chacun des produits suivants sous la forme d'une somme :**

a. $7{,}8 \times 7$ **b.** $4{,}53 \times 7$ **c.** $1{,}2 \times 11$

a. $7{,}8 \times 7 = 7{,}8 +$ ...... + ... + ... + ... + ... + ...

b. $4{,}53 \times 7 =$ ....

c. $1{,}2 \times 11 =$ ....

3 **Remplir le tableau suivant :**

×	1	2	3	4	5	6	7	8	9
3									
4									
6									
7									
8									

Il est absolument impératif de connaître ses tables de multiplication. Il est normal de prendre sa calculatrice pour calculer $45\,789 \times 745$ mais pas pour calculer 3×8 !

4 **Placer les nombres 1 à 9 de manière à rendre justes les opérations horizontalement et verticalement :**

□	×	□	×	□	=	14
×		×		×		
□	×	□	×	□	=	360
×		×		×		
□		□		□	=	72
=		=		=		
140		48		54		

5 **J'ai 7 enfants à la maison, chacun de mes enfants a 7 chats et chaque chat a 7 petits et chaque petit a 7 puces. Combien y a-t-il de puces à la maison ?**

Comme chaque petit a 7 puces, les 7 petits ont ...... puces, comme les 7 chats ont chacun 7 petits, les 7 chats ont .... puces.

....

....

....

Technique et propriétés de la multiplication

6 **Trouver le facteur manquant dans chacune des égalités suivantes :**
a. **7 × …… = 28** **b.** **8 × …… = 5,6** **c.** **5,2 × …… = 26**

★ Exemple : le facteur manquant de 7,2 × …… = 21,6 est 3 car 7,2 × 3 = 21,6

a. 7 × …… = 28, le facteur manquant est …… car ……………………………………………

b. 8 × …… = 5,6 ……………………………………………………………………

c. 5,2 × …… = 26 ……………………………………………………………………

7 **Calculer les expressions suivantes :**
a. **le double du triple de 5,3** **b.** **le quadruple de 14,3** **c.** **le triple du quadruple de 7,5**

★ Exemple : le triple de 14,5 vaut 14,5 × 3 soit 43,5.

a. Le double du triple de 5,3 ……………………………………………………………

b. Le quadruple de 14,3 ………………………………………………………………

c. Le triple du quadruple de 7,5 …………………………………………………………

8 **a.** **Calculer le produit 543 × 7 125 à l'aide de la calculatrice.**
b. **Sans poser d'opération, compléter les égalités suivantes :**

543 × 712,5	**5430 × 712,5**	**54,3 × 7,125**
0,543 × 71 250	**5,43 × 712,5**	**0,543 × 712,5**

a. À l'aide de la calculatrice, on trouve que 543 × 7 125 = ……………………………

b. 543 × 712,5 ……………………………… 5430 × 712,5 ………………………………

54,3 × 7,125 ……………………………… 0,543 × 71 250 ………………………………

5,43 × 712,5 ……………………………… 0,543 × 712,5 ………………………………

9 **a.** **Calculer, en posant l'opération, 12 345 679 × 9.**
b. **Sans poser d'opération, calculer :**
12 345 679 × 54 **12 345,679 × 7,2** **1 234 567,9 × 0,81**

a.
```
  1 2 3 4 5 6 7 9
×               9
-----------------
………………………………
```

Normalement, on obtient un joli résultat pour 12 345 679 × 9 et de plus on remarque que 54 = 9 × 6 et que 7,2 = 9 × …

b. 12 345 679 × 54 = 12 345 679 × 9 × …… = ………………… × ……… = ………………

12 345,679 × 7,2 …………………………………………………………………………

1 234 567,9 × 0,81 ………………………………………………………………………

Multiplication par 0,1, par 0,01, par 0,001

10 **Calculer le nombre manquant dans chacune des égalités suivantes :**

a. $78 \times 0,1 = \square$ **b.** $56 \times \square = 5,6$ **c.** $45,1 \times \square = 0,451$

d. $780 \times 0,001 = \square$ **e.** $0,002 \times 0,001 = \square$ **f.** $78\ 000 \times \square = 7,8$

g. $100\ 000 \times \square = 0,1$ **h.** $4,45 \times \square = 4\ 450\ 000$

★ Exemple : $456 \times \square = 4,56$. Le nombre manquant est 0,01 car $456 \times 0,01 = 4,56$.

a. $78 \times 0,1 = \square$ soit $\square = ...$ b. $56 \times \square = 5,6$ soit $\square = ...$

c. $45,1 \times \square = 0,451$ soit $\square = ...$ d. $780 \times 0,001 = \square$ soit $\square = ...$

e. $0,002 \times 0,001 = \square$ soit $\square = ...$ f. $78\ 000 \times \square = 7,8$ soit $\square = ...$

g. $100\ 000 \times \square = 0,1$ soit $\square = ...$ h. $4,45 \times \square = 4\ 450\ 000$ soit $\square = ...$

11 **Coloriez d'une même couleur les cases qui sont égales.**

$456 \times 0,1$	$150 \times 0,01$	7,8	$4,56 \times 1\ 000$	$4,56 \times 10$	$100 \times 0,1$
$780 \times 0,01$	10	45,6	7 890	4 560	$0,789 \times 1\ 000$
$78,9 \times 100$	789	$7,89 \times 0,1$	1,5	0,789	45,6

Ordres de grandeur

12 **Associer, à chaque produit, un ordre de grandeur qui lui convient :**

Produit
$9\ 845,6 \times 11,23$
$4\ 899,4 \times 2\ 005$
$45,8 \times 1,985\ 896\ 534\ 45$

Ordre de grandeur
10 000 000
100 000
100

13 **Donner un ordre de grandeur des résultats des calculs suivants :**

Attention, dans une expression, les parenthèses indiquent le calcul à effectuer en priorité.

a. $490\ 562 \times 0,002\ 125$

b. $(1,000\ 3 + 499\ 789,12) \times (1,000\ 01 + 0,999\ 9)$

c. $(1\ 000\ 000\ 000 + 0,000\ 000\ 000\ 1) : 2$

a. $490\ 562 \times 0,002\ 125$, un ordre de grandeur est ....

b. $(1,000\ 3 + 499\ 789,12) \times (1,000\ 01 + 0,999\ 9)$ ....

....

c. $(1\ 000\ 000\ 000 + 0,000\ 000\ 000\ 1) : 2$ ....

....

14 **Est-il vrai qu'un morceau de moquette de 35 m^2 tiendra dans une pièce de 4,53 m de long sur 3,56 m de large ?**

....

Multiplication de deux nombres décimaux

15 L'essence coûte 1,13 € le litre. Un automobiliste fait un plein de 52 litres.
Quel prix paye-t-il ?

....

....

16 Le C.D.I commande 124 livres et 3 logiciels. Chaque livre coûte 15,45 € et chaque logiciel coûte 45,25 €.
Calculer le prix de la commande.

Commencer par calculer le prix des livres. Ensuite calculer le prix des logiciels et répondre à la question.

....

....

....

17 Amin doit acheter des crevettes qui coûtent 2,45 € les 100 g et Thomas doit acheter de la sole qui coûte 14,95 € le kilogramme.
Amin achète 450 g de crevettes et Thomas une sole de 380 g.
Lequel des deux dépense le moins ?

Il faut faire attention aux unités avant de calculer le prix de chaque article.

....

....

....

18 Deux nombres sont mariés si leur produit est égal à 1,2. Un seul nombre est célibataire, lequel ?

0,4	2	20	12	3	1,2	60	100	0,1
1,2	0,6	60	3	0,4	24	1	0,02	12
1	0,012	0,6	0,2	4	0,1	0,3	0,05	0,06

19 Un carré multimagique est une grille remplie de nombres disposés de telle façon que leur produit soit le même quand on les multiplie en lignes, en colonnes ou en diagonales.
Le carré ci-dessous est-il multimagique ?

1	2,7	8	3,5
2,1	2	4,5	4
10	2,8	0,3	9
3,6	5	7	0,6

Le carré .... multimagique.

Résoudre un problème

20 Le prix d'une place de cinéma est de 8,5 € pour les adultes et de 6,25 € pour les adolescents. Le père de Vynciane accompagne sa fille et 3 de ses copines. Quel prix va-t-il payer ?

Commencer par calculer le nombre d'adulte et d'adolescents.

....

....

21 Pour enlever son maquillage, Fabienne doit utiliser trois fois plus de démaquillant que de maquillage. Ce matin, Fabienne a utilisé 1,2 g de rouge, 2,3 g de bleu et 0,45 g de vert. Quelle quantité de démaquillant va-t-elle utiliser ce soir pour retrouver son magnifique teint naturel ?

....

....

22 Yacine achète à Tunis 2,3 kg de dattes à 1,5 dinars le kilogramme. Si 1 dinar vaut 0,63007 €, à quelle somme lui revient son achat en euros ?

Il y a deux façons de résoudre, soit on convertit le prix d'un kg en euro, soit on calcule le prix de l'achat en dinars puis on convertit.

....

....

23 Alexandre prend 54,3 litres d'essence à 0,98 € le 12 du mois et 51,2 litres d'essence à 1,02 € le 30 du même mois. Quelle est la dépense en euros d'Alexandre pour ce mois ?

....

....

24 L'achat d'un ordinateur est soit payable en un versement de 978,45 € ; soit payable en 12 versements de 85,24 €. Quelle économie réalise-t-on en payant en un seul versement ?

....

....

25 Lila-lou mange chaque jour 3 pots de 250 g de compote de fruits. Quelle quantité de compote mange-t-elle par an ?

Il y a 365,25 jours par an.

....

....

4 Division euclidienne Division décimale

Rappel de cours

Division euclidienne

Effectuer la **division euclidienne** d'un nombre entier, appelé **le dividende**, par un nombre entier différent de 0, appelé **le diviseur**, revient à trouver deux nombres entiers, appelés **le quotient** et **le reste**, vérifiant :

dividende = (diviseur × quotient) + reste, avec reste < diviseur.

25	11
3	2

Avec les 25 élèves de 6e C, on peut constituer 2 équipes de football de 11 joueurs, 3 élèves joueront les arbitres.

Multiples et diviseurs – Critères de divisibilité

On dit qu'un nombre entier a est un **multiple** d'un nombre entier b différent de 0 lorsque le reste de la division euclidienne du nombre a par le nombre b est égal à 0.
On dit aussi que b est un **diviseur** de a ou que a est **divisible** par b.

- Un nombre entier est **divisible par 2** (ou est un multiple de 2) lorsque son chiffre des unités est égal à 0, ou 2, ou 4, ou 6, ou 8, et seulement dans ce cas.
- Un nombre entier est **divisible par 5** (ou est un multiple de 5) lorsque son chiffre des unités est égal à 0 ou 5, et seulement dans ce cas.
- Un nombre entier est **divisible par 4** (ou est un multiple de 4) lorsque le nombre formé par ses deux derniers chiffres est divisible par 4, et seulement dans ce cas.
- Un nombre entier est **divisible par 3** (ou est un multiple de 3) lorsque la somme de ses chiffres est divisible par 3, et seulement dans ce cas.
- Un nombre entier est **divisible par 9** (ou est un multiple de 9) lorsque la somme de ses chiffres est divisible par 9, et seulement dans ce cas.

Exemple : le nombre 136 110 est divisible par 2 (se termine par 0), par 5 (se termine par 0), par 3 (1 + 3 + 6 + 1 + 1 + 0 = 12 et 12 est divisible par 3), n'est pas divisible par 4 (car 10 n'est pas divisible par 4) et n'est pas divisible par 9 (car la somme de ses chiffres 12 n'est pas divisible par 9).

Division décimale

Le nombre qui, multiplié par un nombre b, donne un nombre a est appelé **le quotient** du nombre a par le nombre b.

$b \times ■ = a$ signifie que $■ = a : b$ $(b \neq 0)$

Ainsi $4 \times ■ = 28$ signifie que $■ = 28 : 4$. On a donc $■ = 7$.

Division euclidienne

1 **Effectuer les divisions euclidiennes suivantes :**

a. **207 par 5** **b.** **512 par 7** **c.** **784 par 9**

★ Exemple :

1 0 7	3
1 7	3 5
2	

$107 = 3 \times 35 + 2$ (avec $2 < 3$)

a.

2 0 7	5
……	……
……	

b.

……	……
……	……
……	

c.

……	……
……	……
……	

207 = 5 × …… + …… ………………………… …………………………

(avec …… < 5) ………………………… …………………………

2 **Effectuer les divisions euclidiennes suivantes :**

a. **1 515 par 13** **b.** **1 789 par 32** **c.** **2 005 par 127**

★ Exemple :

2 4 5 1	2 1
3 5	1 1 6
1 4 1	
1 5	

$2\,451 = 21 \times 116 + 15$ (avec $15 < 21$)

a.

1 5 1 5	1 3
……	……
……	
……	

b.

……	……
……	……
……	
……	

c.

……	……
……	……
……	
……	

1 515 = 13 × …… + …… ………………………… …………………………

(avec …… < 5) ………………………… …………………………

3 **On a l'égalité $314 = 25 \times 12 + 14$.**

Dans la division euclidienne, il faut que le reste soit plus petit que le diviseur.

a. **Cette égalité peut-elle représenter la division euclidienne de 314 par 25 ?**

b. **Cette égalité peut-elle représenter la division euclidienne de 314 par 12 ?**

a. Cette égalité $314 = 25 \times 12 + 14$ ……………………………………………………

…………………………………………… car ……………………………………………

b. ……………………………………………………………………………………

……………………………………………………………………………………

4 **Dans un collège, 162 élèves sont inscrits en 6ᵉ.**

a. Combien peut-on former d'équipes de basket de 5 élèves ? Combien d'élèves ne pourront pas jouer au basket ?

b. Combien peut-on former d'équipes de rugby de 15 élèves ? Combien d'élèves ne pourront pas jouer au rugby ?

c. Seuls les garçons veulent jouer au rugby. Sachant qu'on a constitué 5 équipes complètes et qu'il reste 2 garçons, combien y a-t-il de garçons en 6ᵉ dans ce collège ?

a. 1 6 2 | 5
...... | ......
...... |

soit 162 = 5 × ...... + ... (...... < ......)

On peut donc former .... équipes de basket de 5 élèves. ...... élèves ne pourront pas jouer.

b. ....

....

....

....

c. ....

....

....

5 **Un fermier ramasse 332 œufs dans son poulailler.**

Cet exercice ressemble au précédent, mais bien lire les questions.

a. Combien de boîtes de 6 œufs peut-il remplir ?

b. Combien lui manque-t-il d'œufs pour compléter la dernière boîte de 6 œufs ?

c. Combien de boîtes de 12 œufs peut-il remplir ?

d. Combien lui reste-t-il d'œufs s'il remplit en plus une boîte de 6 œufs ?

a. 3 3 2 | 6
...... | ......
...... |

soit 332 = 6 × ...... + ... (...... < ......)

On peut donc remplir .... boîtes de 6 œufs.

b. Il manque .... œufs pour remplir la dernière boîte.

c. ...... | ......
...... | ......
...... |

....

....

d. ....

Multiples et diviseurs

6 **Compléter chacune des phrases suivantes par le mot qui convient « multiple » ou « diviseur ».**

a. 45 est un .... de 15
b. 8 est un .... de 56
c. 121 est un .... de 11
d. 954 est un .... de 9
e. 6 est un .... de 666
f. 45 est un .... de 2 025

7 **Donner :**

a. un multiple de 12
b. un diviseur de 16
c. un multiple de 123
d. un diviseur de 963
e. un multiple de 5 et 12
f. un multiple de 4, de 5 et de 12

★ Exemple : un multiple de 8 est 24 (il y en a beaucoup d'autres 32, 40, 88 etc.).

a. Un multiple de 12 est ....

b. Un diviseur de 16 est ....

c. Un multiple de 123 est ....

d. Un diviseur de 963 est ....

e. Un multiple de 5 et 12 est ....

f. Un multiple de 4, de 5 et de 7 est ....

8 **a. Parmi les nombres suivants, lesquels sont divisibles par 2 ?**

Voir les critères de divisibilité p. 23.

3 ; 32 ; 154 ; 259 ; 1 ; 437 ; 250 ; 4 938 ; 29 000.

b. Parmi les nombres suivants, lesquels sont divisibles par 3 ?
3 ; 131 ; 63 ; 501 ; 2 ; 408 ; 58 000 ; 4 083 ; 2 537.

c. Parmi les nombres suivants, lesquels sont divisibles par 9 ?
3 ; 8 ; 9 ; 153 ; 248 ; 558 ; 3 096 ; 45 000 ; 98 703.

a. Les nombres divisibles par 2 sont : ....

....

b. ....

....

c. ....

....

9 **a. Le nombre 16 est-il divisible par 2 ? par 3 ? par 4 ? par 5 ? par 6 ? par 7 ?**
b. Donner les 5 diviseurs de 16.

a. 16 est divisible par ...., n'est pas divisible par ....

b. ....

10 Le chiffre des unités du nombre 435▒ a été effacé.

S'il y a plusieurs solutions, les donner toutes.

a. Quel peut être ce chiffre si l'on sait que ce nombre est divisible par 2 ?
b. Quel peut être ce chiffre si l'on sait que ce nombre est divisible par 3 ?
c. Quel peut être ce chiffre si l'on sait que ce nombre est divisible par 6 ?

a. Le chiffre des unités peut être : ....

b. ....

c. ....

11 Le chiffre des dizaines du nombre 7▒2 a été effacé, mais on sait que le nombre est divisible par 9. Quel est le chiffre manquant ? Est-il unique ?

....

....

Division décimale

12 Effectuer les divisions suivantes (les divisions tombent juste).

a. 46,2 : 35 **b.** 23 : 0,125 **c.** 45,625 : 2,5

a.		b.		c.	
4 6,2	3 5	......	......	....	......
......	......	......	......	....	......
......		......		....	
......		......		....	

13 Poser et effectuer les divisions suivantes. On donnera la troncature au dixième de chaque quotient :

a. 78,4 : 23 **b.** 413 : 0,71 **c.** 14,24 : 3,6

a.		b.		c.	
7 8,4	2 3	......	......	......	......
......	......	......	......	......	......
......		......		......	
......		......		......	

La troncature au dixième ....

est..................... ....

14 Calculer le facteur manquant dans chacun des cas suivants :

...... × 50 = 6   3,2 × ...... = 48   2,8 × ...... = 0,07   ...... × 7,8 = 390

15 **a.** **3 paquets pour 71,1 €. Quel est le prix d'un paquet ?**
b. **132,5 € pour 5 paquets. Le prix d'un paquet est-il supérieur à 25 € ?**
c. **5 douzaines d'huîtres pour 24 euros. Quel est le prix d'une douzaine ? Quel est le prix d'une huître ?**

a. Le prix d'un paquet est ....

b. ....

c. ....

....

Commencer par calculer le prix des 8 stylos.

16 **Melissa dispose de 20 €. Elle achète 8 stylos de couleur au prix de 1,25 € l'un et 3 cahiers identiques. La caissière lui rend 2,8 €. Quel est le prix d'un cahier ?**

....

....

Commencer par tout ramener à la même unité.

17 **Quelle est la meilleure affaire : 2 paquets de 200 g de chocolat pour 9 € ou $\frac{1}{2}$ kilogramme du même chocolat pour 12 € ?**

....

....

18 **Un négociant achète 12 cageots de 75 kg de poires. En vendant toutes les poires à 4,2 € le kilogramme, il réalise un bénéfice de 1 260 €. Combien avait-il payé chaque cageot ?**

....

....

....

19 **Une cantine sert pendant les 35 semaines de 5 jours de l'année scolaire le même nombre de repas quotidiennement. Le cuisinier constate qu'il a servi 22 400 repas dans l'année.**
a. **Combien d'élèves sont demi-pensionnaires ?**
b. **Chaque élève demi-pensionnaire paye par trimestre 225 €. Quel est le budget de la cantine sur l'année ?**

Il n'y a que 3 trimestres par année scolaire pour les élèves.

a. ....

....

b. ....

....

5 Écritures fractionnaires

Rappel de cours

Écriture fractionnaire d'un quotient

• Le **quotient** d'un nombre a par un nombre b différent de 0 est le nombre par lequel il faut multiplier le nombre b pour obtenir le nombre a.
La valeur exacte de ce quotient est notée $\frac{a}{b}$.

$$b \times \frac{a}{b} = a$$

$\frac{a}{b}$ est **une écriture fractionnaire** du quotient du nombre a par le nombre b.
Ainsi $4 \times \frac{3}{4} = 3$ (vérification : $\frac{3}{4} = 0{,}75$ et $4 \times 0{,}75 = 3$)

• Lorsque a et b sont deux nombres entiers, b étant différent de 0, l'écriture fractionnaire du quotient $\frac{a}{b}$ du nombre a par le nombre b est appelée une **fraction**.

$$\frac{a}{b}$$

a : numérateur
b : dénominateur

Quotients égaux

Un quotient ne change pas lorsque l'on **multiplie** (ou lorsque l'on **divise**) son numérateur et son dénominateur par un **même nombre non nul**.

Ainsi $\frac{7}{8} = \frac{7 \times 3}{8 \times 3} = \frac{21}{24}$ $\qquad \frac{4{,}5}{2{,}3} = \frac{4{,}5 \times 10}{2{,}3 \times 10} = \frac{45}{23}$ $\qquad \frac{56}{16} = \frac{7 \times 8}{2 \times 8} = \frac{7}{2}$

Multiplier un nombre par une fraction

• **Prendre une fraction d'un nombre**, c'est multiplier ce nombre par cette fraction : b étant un nombre différent de 0, « $\frac{a}{b}$ de c » est égal à $\frac{a}{b} \times c$.

• Soit a, b et c des nombres entiers, b étant un nombre différent de 0.

$$\frac{a}{b} \times c = \frac{a \times c}{b} = a \times \frac{c}{b}$$

Ainsi $\frac{5}{7} \times 3 = \frac{5 \times 3}{7} = 5 \times \frac{3}{7}$

Fraction partage

1 **Quelle fraction d'une heure représente chacune des durées suivantes ?**

a. 30 min **b.** 15 min **c.** 10 min **d.** 20 min **e.** 45 min **f.** 12 min

★ Exemple : 5 min représente $\frac{5}{60}$ soit $\frac{1}{12}$ d'une heure.

a. 30 min représente …… soit …… d'une heure. b. 15 min ……………………………………

c. 10 min ……………………………………… d. 20 min ……………………………………

e. 45 min ……………………………………… f. 12 min ……………………………………

2 **Voici des pichets. Indiquer pour chaque pichet la hauteur du niveau lorsque l'on verse les quantités indiquées.**

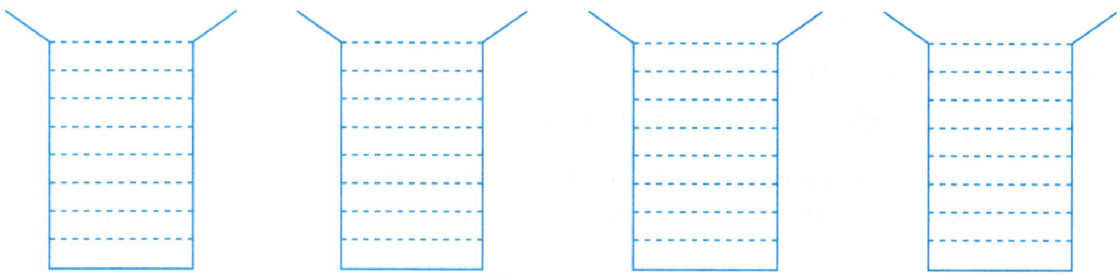

$\frac{5}{8}$ $\frac{3}{4}$ $\frac{1}{2}$ $\frac{4}{4}$

Fraction quotient et nombres décimaux

3 **Pour chacune des fractions ci-dessous, indiquer si elle est égale ou non à un nombre entier. Si la fraction n'est pas un nombre entier, donner sa troncature au centième.**

a. $\frac{27}{5}$ **b.** $\frac{32}{7}$ **c.** $\frac{123}{16}$ **d.** $\frac{26}{221}$ **e.** $\frac{147}{7}$ **f.** $\frac{99}{33}$

★ Exemples : $\frac{121}{11} = 11$. Cette fraction est égale à un nombre entier.

$\frac{45}{8} = 5,625$. Cette fraction n'est pas égale à un nombre entier. Sa troncature au centième est 5,62.

a. $\frac{27}{5}$ ……………………………………… b. $\frac{32}{7}$ ………………………………………

c. $\frac{123}{16}$ ……………………………………… d. $\frac{26}{221}$ ………………………………………

e. $\frac{147}{7}$ ……………………………………… f. $\frac{99}{33}$ ………………………………………

4 **Compléter le tableau suivant :**

Écriture décimale	Écriture fractionnaire	Écriture décimale	Écriture fractionnaire
0,5		1,25	
	$\frac{21}{5}$		$\frac{3}{100}$
	$\frac{123}{100}$	5,01	
7,45			$\frac{25}{2}$

5 **Pour chaque égalité, calculer mentalement le facteur manquant et l'écrire sous forme de quotient.**

a. **14 × ■ = 42** **b.** **11 × ■ = 6** **c.** **23 × ■ = 45** **d.** **1,2 × ■ = 6**

a. 14 × ■ = 42 donc ■ = ... ; .... est le facteur manquant de 14 × ■ = 42.

b. ....

c. ....

d. ....

Fraction et demi-droite graduée

6 **Sur la droite graduée ci-dessous :**

a. **Quelle est l'abscisse de chacun des points A, B et C ?**

b. **Placer le point D d'abscisse $\frac{5}{3}$.**

c. **Placer deux points situés entre A et C. Donner leur abscisse.**

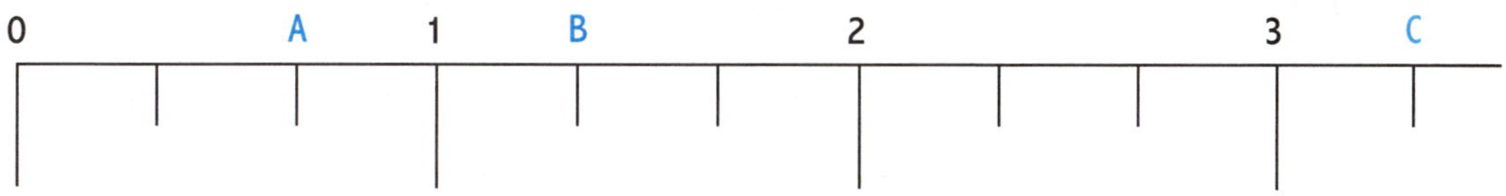

a. L'abscisse du point A est ....

....

c. ....

Multiplication d'une fraction par un nombre

7 **Calculer de trois façons différentes chacun des produits suivants :**

a. $\frac{4}{5} \times 15$ **b.** $\frac{2}{3} \times 9$ **c.** $\frac{3}{4} \times 1{,}4$

★ Exemple : $\frac{3}{5} \times 8 = 0{,}6 \times 8 = 4{,}8$; $\frac{3}{5} \times 8 = \frac{3 \times 8}{5} = \frac{24}{5} = 4{,}8$; $\frac{3}{5} \times 8 = 3 \times \frac{8}{5} = 3 \times 1{,}6 = 4{,}8$

a. $\frac{4}{5} \times 15 =$ ……………………………………………………………………

b. $\frac{2}{3} \times 9 =$ ……………………………………………………………………

c. $\frac{3}{4} \times 1{,}4 =$ ……………………………………………………………………

8 **Le professeur d'Éducation physique n'est pas content car le cinquième des 35 élèves de 6e C sont dispensés de piscine. Combien d'élèves iront à la piscine ?**

Il faut d'abord calculer le nombre d'élèves n'allant pas à la piscine.

……………………………………………………………………………………

……………………………………………………………………………………

9 **Mégane possède 2 400 € et Antonin 2 500 €. Mégane donne les $\frac{7}{12}$ de ce qu'elle possède à Léo. Antonin donne les $\frac{29}{50}$ de ce qu'il possède à Camille. Est-ce que Camille reçoit plus d'argent que Léo ?**

……………………………………………………………………………………

……………………………………………………………………………………

……………………………………………………………………………………

10 **Dans un troupeau de 720 vaches, les trois huitièmes sont de race limousine et les sept douzièmes sont de race charolaise. Le reste du troupeau est constitué de vaches de la race blonde d'aquitaine. Combien de vaches de la race blonde d'aquitaine y a-t-il dans le troupeau ?**

Il faut chercher le nombre de vaches de race limousine et de....

……………………………………………………………………………………

……………………………………………………………………………………

……………………………………………………………………………………

……………………………………………………………………………………

……………………………………………………………………………………

11 Angélique dit à son cousin : « Chaque semaine je dépense le tiers de ce que j'ai dans mon porte-monnaie et je reçois 4 € car je descends la poubelle. Ce matin j'ai 12 € dans mon porte-monnaie. Combien aurais-je dans 4 semaines ? »

....

....

....

....

....

12 120 candidats participent à un jeu télévisé.
À la première question, le quart des candidats est éliminé.
À la deuxième question, le tiers de ceux qui restent est éliminé.
À la troisième question, quarante candidats sont encore éliminés.
Les quatre cinquièmes de ceux qui restent échouent à la quatrième question.
Combien de candidats vont participer à la cinquième question ?

....

....

....

....

....

Quotients égaux

13 Les quotients suivants sont-ils égaux ?

a. $\frac{3}{4}$ et $\frac{15}{12}$ **b.** $\frac{9}{2}$ et $\frac{27}{6}$ **c.** $\frac{9}{2}$ et $\frac{6}{27}$ **d.** $\frac{3}{4}$ et $\frac{6}{12}$

★ Exemple : $\frac{4}{5}$ et $\frac{16}{20}$. On a $16 = 4 \times 4$. Le numérateur est multiplié par 4, on multiplie le dénominateur par 4 ce qui donne 20. On a $\frac{4}{5} = \frac{16}{20}$.

a. $\frac{3}{4} = \frac{\square}{12}$. On a $12 = 4 \times$ .... Donc $\frac{3}{4} = \frac{\ldots\ldots}{12}$

b. ....

c. ....

d. ....

14 **Colorier d'une même couleur les cases qui sont égales.**

$\frac{1}{3}$	$\frac{3}{4}$	$\frac{4}{5}$	$\frac{18}{21}$	$\frac{1}{2}$	$\frac{22}{23}$
$\frac{13}{52}$	$\frac{2}{3}$	$\frac{2}{6}$	$\frac{7}{8}$	$\frac{21}{28}$	$\frac{28}{56}$
$\frac{1}{4}$	$\frac{8}{10}$	$\frac{21}{24}$	$\frac{3}{8}$	$\frac{6}{7}$	$\frac{9}{24}$

15 **Simplifier au maximum les fractions suivantes :**

Il faut bien connaître ses tables de multiplication.

a. $\frac{49}{63}$ **b.** $\frac{33}{77}$ **c.** $\frac{52}{91}$ **d.** $\frac{144}{84}$

★ Exemple : $\frac{56}{32} = \frac{7 \times 8}{4 \times 8} = \frac{7}{4}$

a. $\frac{49}{63}$ .... b. $\frac{33}{77}$ ....

c. $\frac{52}{91}$ .... d. $\frac{144}{84}$ ....

16 **On passe d'une case à l'autre si les fractions sont égales. Trouver la sortie.**

Entrée	$\frac{3}{4}$	$\frac{12}{18}$	$\frac{2}{3}$	$\frac{33}{44}$	$\frac{7}{8}$
$\frac{3}{5}$	$\frac{2}{3}$	$\frac{6}{8}$	$\frac{4}{9}$	$\frac{3}{4}$	$\frac{12}{36}$
$\frac{9}{15}$	$\frac{6}{10}$	$\frac{9}{12}$	$\frac{4}{5}$	$\frac{22}{33}$	$\frac{4}{9}$
$\frac{12}{20}$	$\frac{12}{20}$	$\frac{15}{25}$	$\frac{14}{21}$	$\frac{5}{6}$	$\frac{9}{25}$
$\frac{9}{25}$	$\frac{24}{36}$	Sortie	$\frac{10}{25}$	$\frac{2}{5}$	$\frac{2}{3}$

17 **a.** **Peut-on trouver une fraction égale à $\frac{33}{77}$ et dont le numérateur est 22 ? Si oui, donner cette fraction.**

b. **Peut-on trouver une fraction égale à $\frac{14}{16}$ et dont le dénomirateur soit 63 ? Si oui, donner cette fraction.**

a. ....

....

b. ....

....

6 PROPORTIONNALITÉ

Rappel de cours

Situations de proportionnalité

Dire que deux grandeurs sont **proportionnelles** revient à dire que les valeurs de l'une s'obtiennent en multipliant les valeurs de l'autre par un **même nombre**, appelé **coefficient de proportionnalité**.

Le prix d'entrée dans un cinéma est proportionnel au nombre de places.
Ici le coefficient de proportionnalité est 7.

Nombre de places	1	2	3	4
Prix (€)	7	14	21	28

Le prix à payer dans un parking n'est pas proportionnel au temps passé (toute heure commencée est due).

Durée	30 min	1 h 30 min	2 h 10 min	2 h 58 min
Prix (€)	2,50	5	7,50	7,50

Propriétés de la proportionnalité

- Propriété 1 : « Retour à l'unité »

Si 4 croissants coûtent 3,6 €, alors 1 croissant coûte 0,9 € (le prix est divisé par 4) et 6 croissants coûtent 5,4 € (le prix d'un croissant est multiplié par 6).

- Propriété 2 : « D'une valeur à l'autre : le double, le triple, ... »

Si 4 croissants coûtent 3,6 €, alors 12 croissants coûtent 10,8 € (3 fois plus) et 6 croissants coûtent 5,4 € (2 fois moins que 12 croissants).

- Propriété 3 : « D'une valeur à l'autre : en additionnant »

Si 4 croissants coûtent 3,6 €, alors 2 croissants coûtent 1,8 € (2 fois moins) et 6 croissants coûtent 5,4 € (4 croissants plus 2 croissants).

Pourcentages

Prendre 72 % d'un nombre revient à multiplier ce nombre par $\frac{72}{100}$.

Ainsi, pour calculer les 40 % (40 pour cent) d'un nombre, on multiplie ce nombre par $\frac{40}{100}$.

Pour calculer 40 % de 500, on pose le calcul : $500 \times \frac{40}{100} = \frac{500 \times 40}{100} = 200$.

Remarques :

1. Prendre 50 % d'un nombre, c'est diviser ce nombre par 2 car : $\frac{50}{100} = \frac{1}{2}$.
2. Prendre 25 % d'un nombre, c'est diviser ce nombre par 4 car : $\frac{25}{100} = \frac{1}{4}$.
3. Prendre 75 % d'un nombre, c'est multiplier ce nombre par $\frac{3}{4}$ car : $\frac{75}{100} = \frac{3}{4}$.

Situations de proportionnalité

1

a. Zorha achète un poulet de 1,6 kg qui coûte 5,3 € le kilogramme. Quel prix paye Zorha ?
b. Zamia achète un poulet de 1,4 kg pour 7,35 € ? Quel est le prix du kilogramme de ce poulet ?

a. ....

b. ....

2

Pour faire une tarte pour 8 personnes, il faut 250 g de beurre. Pour faire une tarte pour 12 personnes, quelle quantité de beurre faut-il prévoir ?

Pour une personne, il faut prévoir .... donc pour ....

....

....

3

Trois pains aux raisins coûtent 3,15 €.
a. Calculer le prix d'un pain aux raisins.
b. Calculer le prix de cinq pains aux raisins.
c. Calculer le prix de huit pains aux raisins.

Utiliser les 3 propriétés de la proportionnalité.

a. ....

....

b. ....

....

c. ....

....

4

On suppose que chaque morceau d'un lecteur mp3 dure 3 min.
a. Quelle durée de musique peut-on écouter si on a 500 titres sur ce lecteur ?
b. Idir dit pouvoir écouter 50 heures de musiques. De combien de titres dispose-t-il sur son lecteur ?

a. ....

....

b. ....

....

5 **Un terrain rectangulaire mesure 450 m de long sur 80 m de large. Construire un rectangle ABCD de longueur 9 cm dont les dimensions sont proportionnelles à celles du terrain.**

Penser à utiliser un tableau de proportionnalité.

Si ℓ est la largeur du rectangle on peut écrire :

Sur le terrain (m)	......	......
Sur le dessin (cm)	......	ℓ

$\frac{\ell}{......} = \frac{......}{......}$

ℓ = ... (cm)

6 **Reproduire à l'échelle 1,5 le triangle ABC après avoir calculé les nouvelles longueurs dans le tableau ci-dessous.**

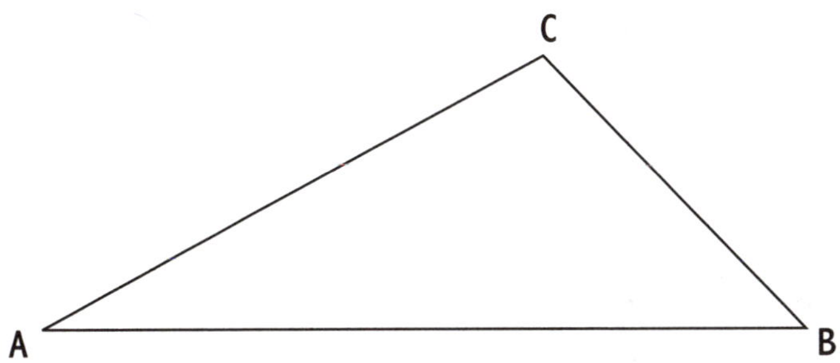

	AB	AC	BC
Longueur sur le modèle (cm)			
Longueur sur la reproduction (cm)			

Reproduction à l'échelle 1,5.

7 **Une voiture consomme à l'arrêt 1,2 L/h. Compléter le tableau ci-dessous :**

Durée (min)	5	10	15	30	45	75
Consommation (L)						

Proportionnalité ou non-proportionnalité

8 **Voici un extrait de tarif d'un parking souterrain parisien.**

Durée de stationnement (h)	1	2	3	4	5
Prix à payer (€)	2,6	5,2	7,8	10	12

a. Calculer les quotients $\frac{5,2}{2}$, $\frac{7,8}{3}$ et $\frac{10}{4}$.

b. Le prix à payer est-il proportionnel à la durée du stationnement ?

a. ....

....

b. ....

9 **Voici un extrait de tarif d'une station d'essence.**

On calcule les quotients $\frac{12}{10}$, $\frac{18}{15}$, ...

Quantité d'essence (L)	10	15	20	25	30
Prix à payer (€)	12	18	24	30	36

Le prix à payer est-il proportionnel à la quantité d'essence ?

....

....

....

10 **Mathias a noté la distance parcourue par sa bicyclette en fonction du nombre de tours de pédalier. Il a obtenu le tableau ci-dessus :**

Nombre de tours de pédalier	3	5	6	8,5	10
Distance parcourue (en m)	10,5	17,5	21	29,75	35

La distance est-elle proportionnelle au nombre de tours de pédalier ? Si oui, quel est le coefficient de proportionnalité ?

....

....

....

11 **Donner trois situations de proportionnalité et trois situations de non-proportionnalité.**

....

....

....

Pourcentages

12 **Dans chacun des cas suivants, calculer le pourcentage indiqué du nombre donné :**

a. 25% de 200 **b. 8 % de 7 000** **c. 60 % de 240.**

★ Exemple : 15 % de 400 correspond à : $400 \times \frac{15}{100} = \frac{400 \times 15}{100} = \frac{4 \times 15}{1} = 60$

a. 25 % de 200 correspond à : ...... $\times \frac{......}{......} = \frac{...... \times ......}{......} = \frac{...... \times ......}{......} =$ ......

b. ....

c. ....

13 **Un article coûte 120 €, son prix augmente de 15 %.**
De combien son prix a-t-il augmenté en euros ?

Il faut calculer 15 % de ......

....

....

14 **Un article coûte 880 €, son prix diminue de 25 %.**

a. De combien son prix a-t-il diminué en euros ?

b. Quel est son nouveau prix ?

a. ....

....

b. ....

15 **Le prix d'un article a augmenté de 10 %, mais à la caisse, il est fait une remise de 10 % sur cet article.**

Cet exercice reprend ce qui a été vu dans les exercices précédents.

a. Calculer le prix de l'article après augmentation.

b. Calculer le prix que l'on paye cet article.

c. Cet article est-il resté au même prix ?

a. ....

....

b. ....

....

c. ....

16 **Charlotte et Linda ont chacune en poche un bon de réduction de 5 €.**
Sur un pull étiqueté 50 €, il y a marqué : « réduction de 10 % ».
a. Charlotte donne son bon de réduction et ensuite on lui fait 10 % de réduction. Quel prix paye-t-elle le pull ?
b. Linda attend que l'on lui fasse 10 % de réduction, puis donne son bon de réduction. Quel prix paye-t-elle le pull ?
c. Conclusion ?

a. ....

....

b. ....

....

c. ....

17 **Axel gagne 2 200 € par mois et Nourdine 3 600 € par mois.**
Le salaire de Axel augmente de 5 % et celui de Nourdine de 3 %.
Qui a vu son salaire le plus augmenté en euros ?

Il suffit de calculer l'augmentation pour Axel et pour Nourdine et de comparer.

....

....

....

....

18 **Les étiquettes suivantes sont-elles correctes ?**

a. ~~450~~ € → + 10 % → 500 €

b. ~~500~~ € → – 10 % → 450 €

c. ~~3 000~~ € → – 20 % → 2 500 €

d. ~~400~~ € → + 20 % → 500 €

★ Exemple : si l'ancien prix (prix barré) est 200 €, une réduction de 10 % (– 10 %) donne une réduction en euros de $200 \times \frac{10}{100} = \frac{200 \times 10}{100} = 20$. Le nouveau prix est 200 – 20 soit 180 €.

a. ....

b. ....

c. ....

d. ....

7 Tableaux et graphiques

Rappel de cours

Graphique cartésien

Age (années)	0	2	4	6	8	10
Poids (kg)	4	10	14	18	23	29

Le tableau ci-contre donne le poids moyen des filles en fonction de leur âge.
À partir de ce tableau, on peut représenter à l'aide d'un **graphique cartésien** le poids moyen des filles (en ordonnées) en fonction de leur âge (en abscisses).

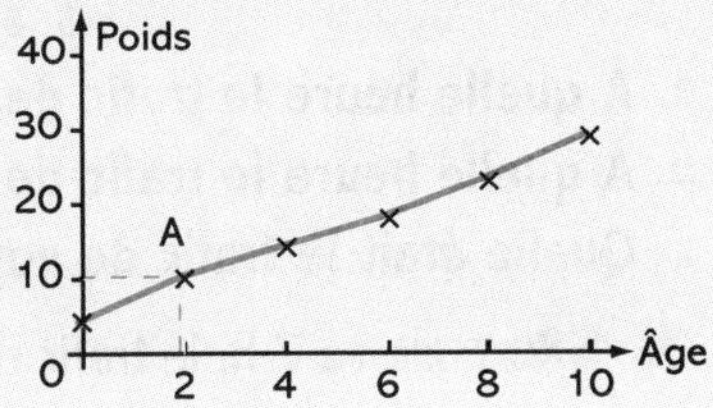

Diagramme en bâtons (ou en barres)

Dans un **diagramme en bâtons**, les hauteurs des bâtons sont proportionnelles aux nombres qu'elles représentent.
Le tableau ci-dessous donne l'étendue des océans en millions de km^2.

Océan	Atlantique	Pacifique	Indien	Arctique
Étendue (M.km^2)	106	180	75	15

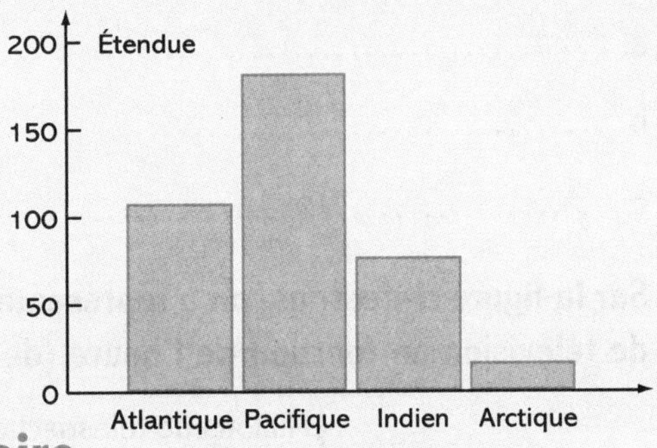

Diagrammes circulaire et semi-circulaire

Dans un **diagramme circulaire ou semi-circulaire**, les mesures des angles sont proportionnelles aux nombres qu'elles représentent.
Le tableau ci-dessous indique, en pourcentage, les résultats du vote des délégués.

Nom	Laura	Léo	Hugo	Linda
Pourcentage %	40	25	20	15

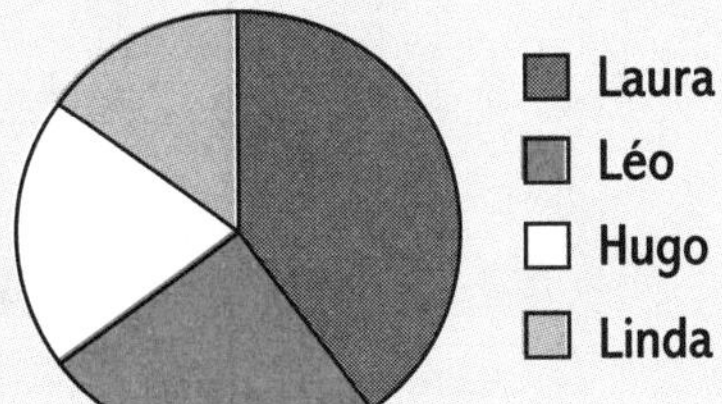

Tableau à double entrée

Un tableau à double entrée permet de donner la répartition des élèves de la classe suivant leur sexe et leur âge.
Cette classe de 27 élèves est composée de 13 filles et de 14 garçons. Il y a 4 garçons de 11 ans et 8 filles de 12 ans.

Âge \ Sexe	Féminin	Masculin	Total
11	5	4	9
12	8	10	18
Total	13	14	27

Tableaux et graphiques cartésiens

1 **Sur la figure ci-dessous, on a représenté le nombre de voyageurs compostant leur billet à la gare en fonction de l'heure (de 5 h à 22 h) :**

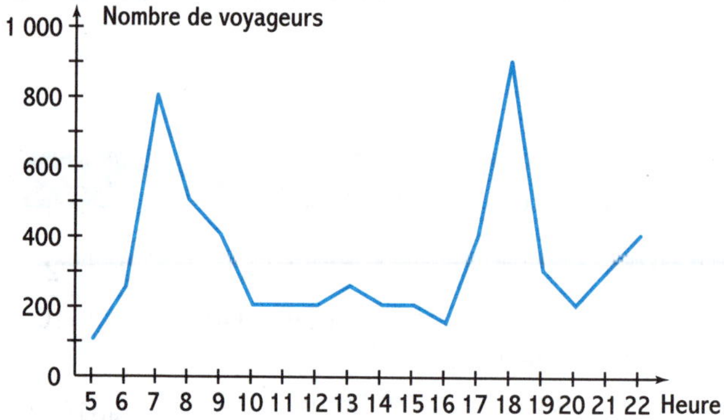

a. À quelle heure le trafic de voyageurs est-il le plus important ?
b. À quelle heure le trafic de voyageurs est-il le plus faible ?
c. Quelle était le trafic de voyageurs à 18 h ? à 13 h ?

★ Exemple : à 7 h, le trafic de voyageurs était de 800 voyageurs.

a. ....

b. ....

c. ....

2 **Sur la figure ci-dessous, on a représenté le nombre de téléspectateurs regardant une chaîne de télévision en fonction de l'heure (de 15 h à 22 h) :**

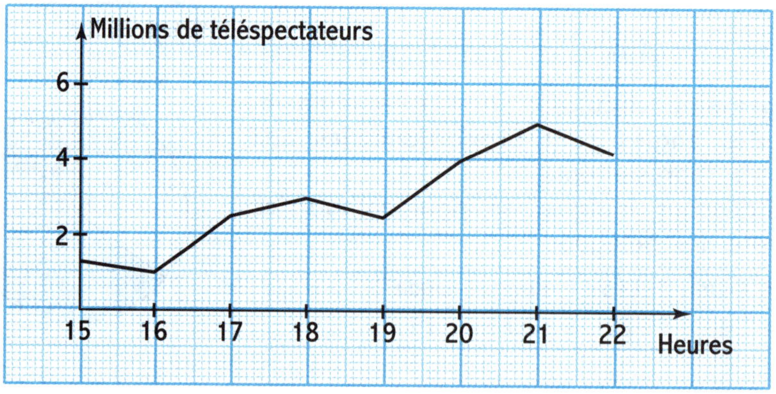

a. À quelle heure l'audience est-elle la plus importante ?
b. À quelle heure l'audience est-elle la plus faible ?
c. Quelle était l'audience à 18 h ? à 20 h ?

a. .... b. ....

c. ....

Tableaux et diagrammes

3 **Le tableau ci-dessous donne le nombre d'objets collectionnés par quatre collectionneurs, Messieurs Dupond, Smith, Muller et Gomez.**

	Tasses	Timbres	Cartes postales	Capsules	Cartes téléphoniques
Dupond	1 200	2 000	1 800	1 500	1 500
Smith	800	1 300	1 800	1 200	1 000
Muller	750	3 000	3 800	1 500	3 000
Gomez	2 250	700	2 200	1 800	2 500

a. Combien de tasses Monsieur Dupond a-t-il dans sa collection ?

b. Combien Monsieur Gomez a-t-il collectionné de capsules ?

c. Combien d'objets en tout Monsieur Muller a-t-il collectionnés? Même question pour Monsieur Smith.

★ Exemple : Monsieur Muller à collectionné 3 800 cartes postales.

a. .... b. ....

c. ....

4 **Voici le relevé de notes du professeur de 6e F.**

12	13	08	13	10	06	15	18
04	18	16	14	06	12	14	06
14	15	11	07	14	08	19	20

a. Quelle est la meilleure note ? Quelle est la plus mauvaise note ?

b. Combien d'élèves ont eu 14 ? Combien d'élèves ont eu 07 ?

c. Combien d'élèves ont eu 11 et plus de 11 ?

d. Combien d'élèves n'ont pas eu au moins 10 ?

★ Exemple : 2 élèves ont eu 13.

a. ....

b. ....

c. ....

d. ....

5 **Voici le nombre π donné avec 30 chiffres après la virgule. On le note A_1 : 3,141592653589793238462643383279. Voici le nombre π donné avec 60 chiffres après la virgule. On le note A_2 :**
3,141592653589793238462643383279502884197169399375705820974945
Le chiffre 5 apparaît-il 2 fois plus dans le nombre A_2 que dans le nombre A_1 ?

....

6 Le diagramme en barres ci-contre donne le nombre de livres lus en un mois par 5 amis.

a. Qui lit le plus ? Le moins ?

b. Combien de livres en tout ont lu ces cinq amis ?

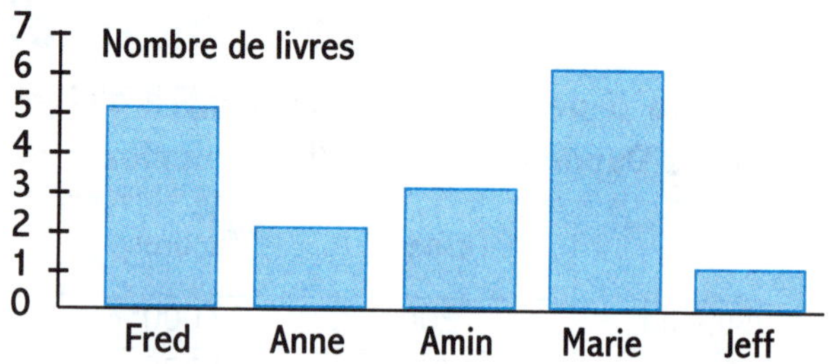

a. ....

b. ....

7 Voici l'évolution du nombre de médailles d'or gagnées par la France aux JO :

Année	1960	1964	1968	1972	1976	1980	1984	1988	1992	1996	2000	2004
Nombre de médailles	0	1	7	2	2	6	5	6	8	15	13	11

Représenter par un diagramme en bâtons le nombre de médailles en fonction des années.

8 Le tableau ci-dessous donne les différents scores des parties de golf que Robin a disputées cette année. Représenter par un diagramme en bâtons ces résultats.

Score	72	74	76	78	80	82	84
Nombre de parties	5	6	12	24	12	6	2

9 **Dans chaque cas, donner le pourcentage associé au secteur bleu du diagramme circulaire qui lui correspond.**

★ Exemple : le secteur bleu est proche de 180° soit 50%. La bonne réponse est :

28 % ☐
48 % ■
72 % ☐

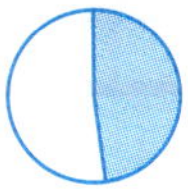

28 % ☐
52 % ☐
72 % ☐

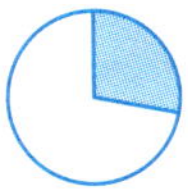

58 % ☐
12 % ☐
35 % ☐

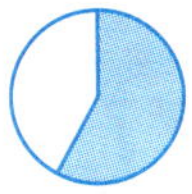

48 % ☐
22 % ☐
76 % ☐

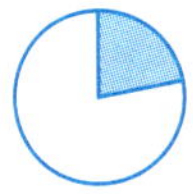

78 % ☐
52 % ☐
32 % ☐

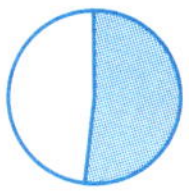

98 % ☐
72 % ☐
52 % ☐

8 % ☐
22 % ☐
52 % ☐

10 **Les deux diagrammes ci-contre représentent-ils les mêmes données ?**

....

....

....

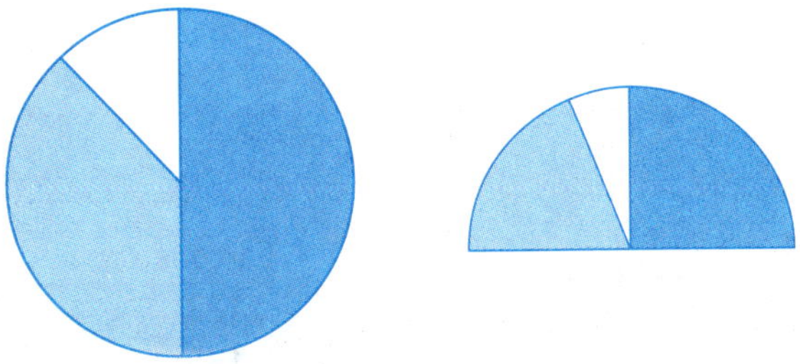

11 **Construire le diagramme circulaire illustrant le tableau ci-dessous :**

Activités	Sommeil	Toilette, repas	Travail	Détente
Temps passé (h)	10	2	8	4

Calcul des angles : ....

....

....

....

....

....

....

Ici, à 24 h correspondent 360°, donc à 1 h correspond ...

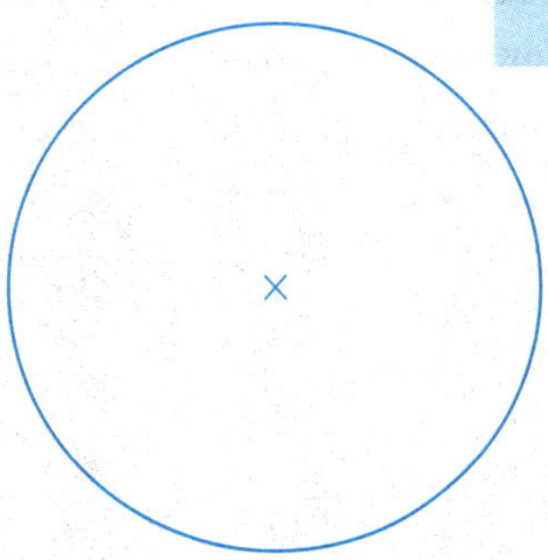

Tableaux à double entrée

12 **Le tableau suivant donne la répartition des élèves du collège Al Gèbre.**

	Garçons	Filles	Nombre d'élèves
6^e	123		245
5^e	135	156	
4^e			260
3^e	120		
Total			

a. Quel est le nombre de filles en 6e ?

b. Quel est le nombre d'élèves en 5e ?

c. Sachant qu'il y a autant de filles que de garçons en 4e, quel est le nombre de filles et le nombre de garçons en 4e ?

d. Le nombre de filles en 3e a diminué de 20 par rapport au nombre de filles de 5e. Quel est le nombre de filles en 3e ?

e. Compléter le tableau. Comment vérifier vos résultats ?

a. ....

b. ....

c. ....

d. ....

e.

	Garçons	Filles	Nombre d'élèves
6^e	123		245
5^e	135	156	
4^e			260
3^e	120		
Total			

13 **Dans une librairie, une étude statistique a permis d'établir l'estimation suivante pour la répartition de l'ensemble des ventes de livres :**

– 60 % sont des romans et un quart d'entre eux sont de format « non poche » ;

– 25 % sont des essais et un cinquième d'entre eux sont de format « non poche » ;

– le reste est constitué de livres de poésie, parmi ceux-ci un tiers est de format « non poche ».

Compléter le tableau suivant :

	Format « poche »	Format « non poche »	Total
Romans			
Essais			
Poésie			
Total			100

8 À PROPOS DE DROITES

Rappel de cours

Droite et demi-droite

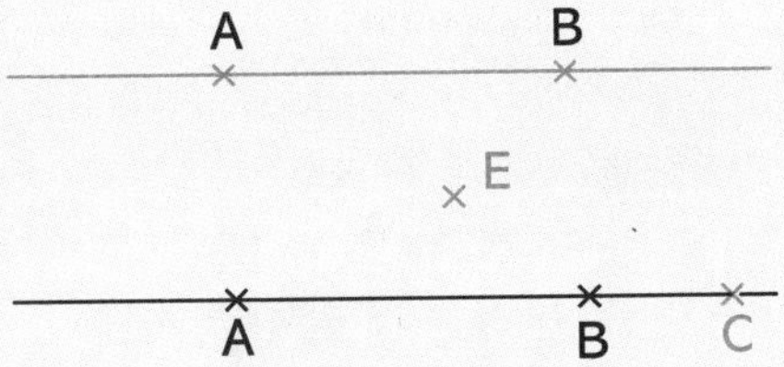

- Par un point A, il passe une infinité de **droites**.
- Par deux points distincts A et B, il ne passe qu'une seule droite. On note cette droite (AB) ou (BA).
Remarque : une droite peut aussi se noter (d) ou (xy).
- Des points alignés sont des points qui appartiennent à une même droite. $C \in (AB)$; $E \notin (AB)$
- Le point A de la droite (xy) partage cette droite en deux **demi-droites** d'origine A :
la demi-droite $[Ax)$ et la demi-droite $[Ay)$.

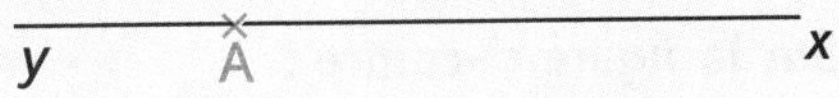

Segment de droite

- **Le segment** d'extrémités A et B est la portion de la droite (AB) délimitée par les points A et B. On note ce segment avec des crochets : [AB] ou [BA].
Le segment [AB] a une longueur.

Droites sécantes et droites parallèles

Deux droites **sécantes** sont deux droites qui se coupent en un seul point.
Deux droites **parallèles** sont deux droites qui ne sont pas sécantes.

Propriétés des droites parallèles et des droites perpendiculaires

- Si deux droites sont perpendiculaires à une même droite, alors elles sont parallèles.
Si $(d_1) \perp (d)$ et $(d_2) \perp (d)$ alors $(d_1) // (d_2)$.

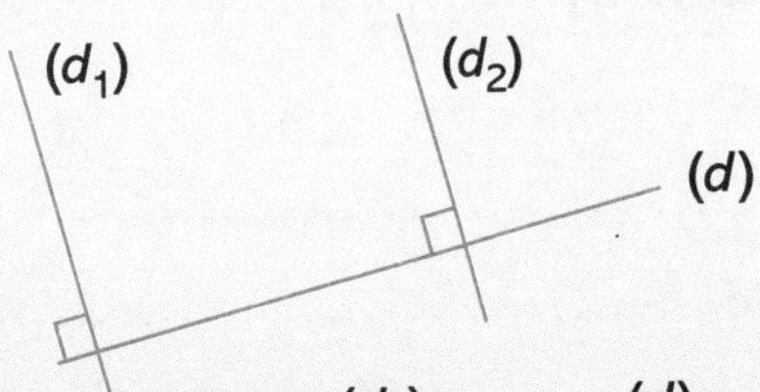

- Si deux droites sont parallèles à une même droite, alors elles sont parallèles.
Si $(d_1) // (d)$ et $(d_2) // (d)$ alors $(d_1) // (d_2)$.

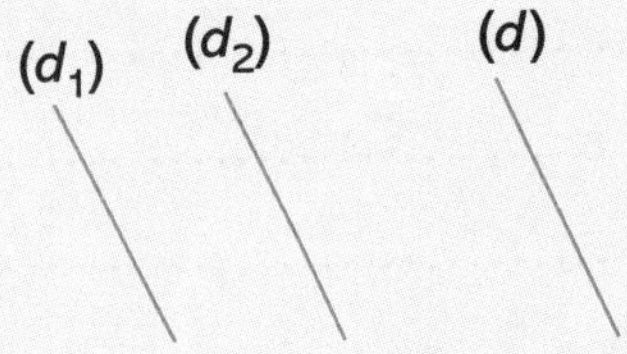

- Si deux droites sont parallèles et qu'une troisième droite est perpendiculaire à l'une, alors elle est perpendiculaire à l'autre.
Si $(d_1) // (d_2)$ et $(d) \perp (d_1)$ alors $(d) \perp (d_2)$.

Droite, demi-droite, segment

1 Sur la figure ci-dessous :
a. tracer en rouge les droites (EB) et (AC) ;
b. tracer en vert les segments [EC] et [AD] ;
c. tracer en bleu les demi-droites [CD) et [EA)

Ne pas confondre droite, demi-droite et segment.

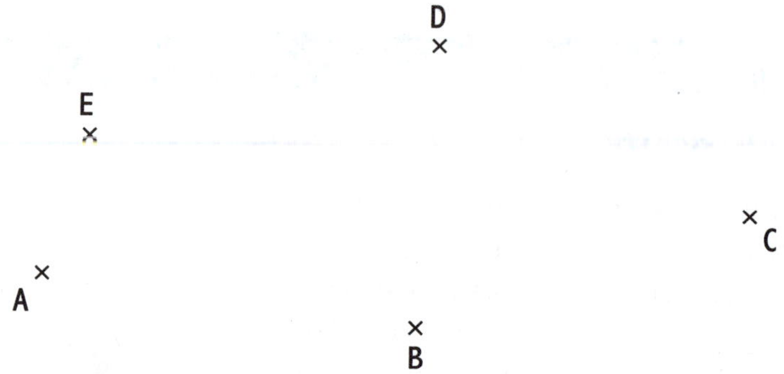

2 Sur la figure ci-contre :
a. Le point P est-il un point de la droite (NE) ?
b. Citer trois points alignés ; citer trois points non alignés.
c. Citer deux points appartenant à la demi-droite [PO).
d. Citer trois points appartenant à la demi-droite [IR).
e. Citer un point qui appartient à (RP) et à (OM). En existe-t-il d'autres ?

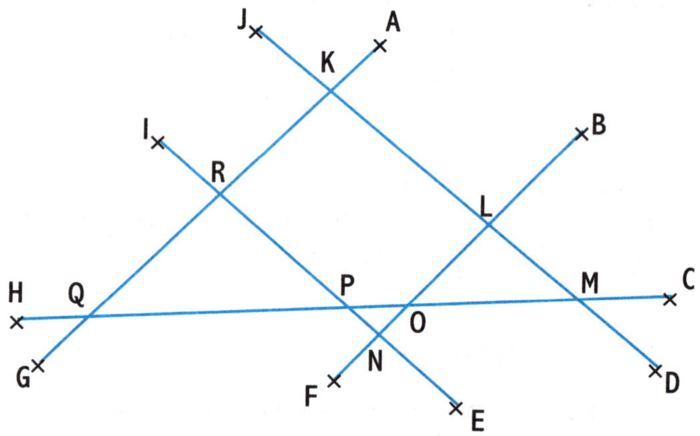

a. Le point P .... un point de la droite (NE).

b. ....

c. ....

....

d. ....

....

e. ....

....

Droites sécantes. Droites parallèles

3 Sur la figure ci-dessous,

a. construire le point M, intersection des segments [AD] et [CE] ;

b. construire le point N, intersection des droites (CD) et (EB) ;

c. construire le point O, intersection de la demi-droite [CE) et du segment [AB].

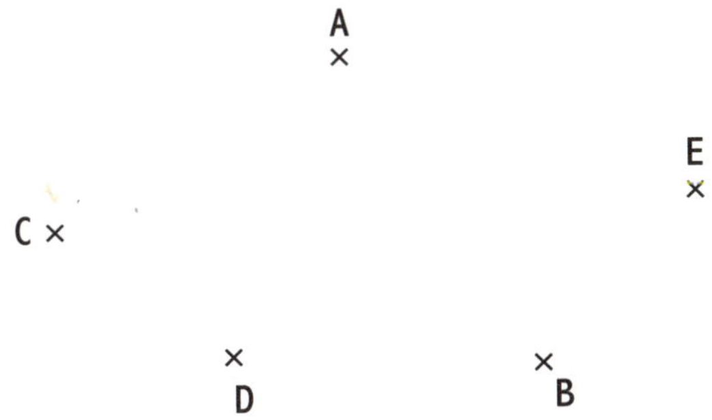

4 **a.** Tracer deux droites (d_1) et (d_2) perpendiculaires en A et placer un point B sur la droite (d_1).

b. Tracer la droite (d_3) perpendiculaire à (d_1) passant par B.

5 **a.** Tracer la droite (d_2) perpendiculaire à (d_1) et passant par A.

b. Tracer la droite (d_3) parallèle à (d_1) passant par B.

c. Tracer la droite (d_4) parallèle à (d_1) passant par C en se servant de (d_2).

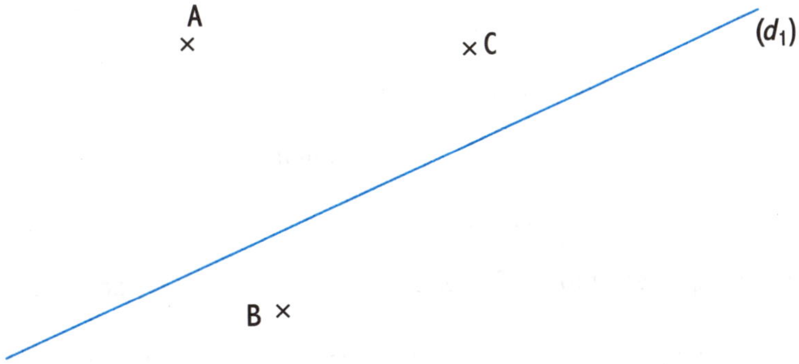

6 Sur la figure ci-dessous, on considère le segment [AB].

a. Construire la droite (d_1) passant par A et perpendiculaire à la droite (AB).

b. Construire la droite (d_2) passant par B et perpendiculaire à la droite (AB).

c. Placer un point D sur la droite (d_1) et tracer la droite (d_3) passant par D et perpendiculaire à la droite (d_1).

d. La droite (d_3) coupe la droite (d_2) en C. Tracer le rectangle ABCD.

Propriétés des droites perpendiculaires et des droites parallèles

7 Observer la figure codée ci-contre.

a. Citer toutes les droites perpendiculaires.

b. Que peut-on dire des droites (BE) et (CG) ? Justifier.

c. Existe-t-il d'autres droites parallèles dans la figure ? Justifier.

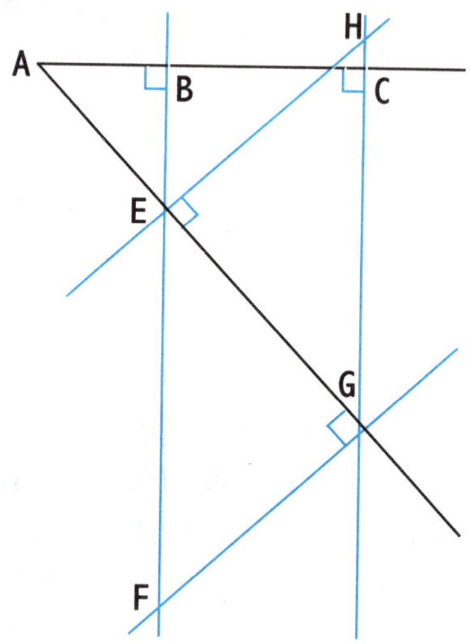

a. Les droites (BE) et .... sont perpendiculaires.

Les droites ....

....

....

b. Les droites (BE) et .... sont ....

à la droite ...., d'après la propriété qui dit que :

si deux droites sont .... alors

....

Nous pouvons conclure que les droites (BE) et .... sont ....

c. ....

8

En vous aidant des observations de la figure ci-contre,
a. Que peut-on dire des droites (AE) et (EB) ?
b. Que peut-on dire des droites (DF) et (DC) ?
c. Que peut-on dire des droites (EB) et (DC) ?
d. Que peut-on dire des droites (GB) et (FC) ?

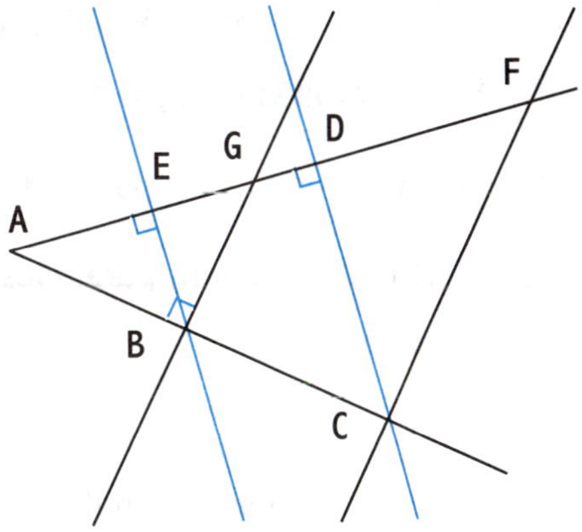

a. D'après le codage de la figure, les droites (AE) et (EB) sont ....

b. ....

....

c. ....

....

d. ....

....

9

Peut-on dessiner quatre droites (d_1), (d_2), (d_3) et (d_4) telles que : $(d_1) \perp (d_2)$, $(d_2) \perp (d_3)$, $(d_3) \perp (d_4)$ et telles que (d_1) ne soit pas perpendiculaire à (d_4) ?

....

....

....

....

....

....

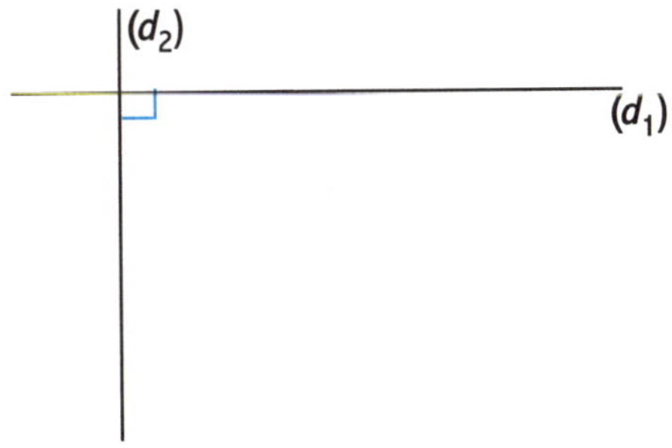

10

Les renseignements sur la figure ci-contre sont les suivants : $(d_1) \perp (d_4)$; $(d_2) \perp (d_4)$; $(d_2) // (d_3)$; $(d_6) // d_7)$.
Compléter le tableau suivant :

Penser aux propriétés des droites parallèles et des droites perpendiculaires.

	(d_1)	(d_2)	(d_3)	(d_4)	(d_5)	(d_6)	(d_7)
(d_1)	//			$\perp$			
(d_2)		//	//	$\perp$			
(d_3)		//	//				
(d_4)	$\perp$	$\perp$		//			
(d_5)					//		
(d_6)						//	//
(d_7)						//	//

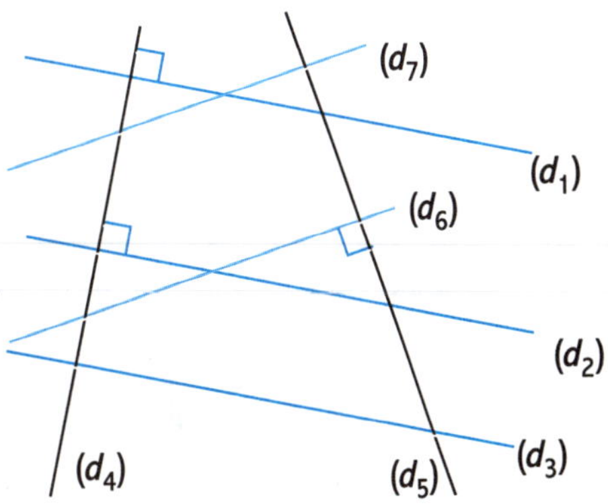

11 On rappelle les 3 propriétés suivantes.

(P_1) Si deux droites sont parallèles à une même droite alors ces deux droites sont parallèles.

(P_2) Si deux droites sont perpendiculaires à une même droite, alors elles sont parallèles.

(P_3) Si deux droites sont parallèles, alors toute droite perpendiculaire à l'une est perpendiculaire à l'autre.

a. Construire une figure illustrant la propriété P_1.
b. Construire une figure illustrant la propriété P_3.
c. Construire une figure permettant de démontrer que deux droites sont perpendiculaires en combinant les propriétés P_2 et P_3.
d. Construire une figure permettant de démontrer que deux droites sont parallèles en combinant les propriétés P_1 et P_3.

a.

b.

c.

d.

9

DISTANCES – MÉDIATRICE D'UN SEGMENT

Rappel de cours

Longueur et milieu d'un segment

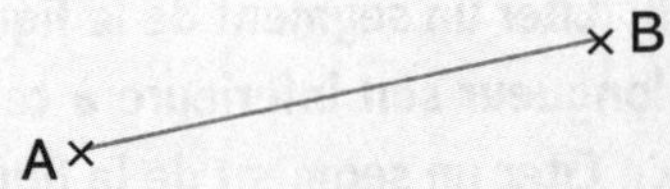

• **La longueur** d'un segment [AB] est la **distance** du point A au point B ; elle est notée **AB**.
Ici AB = 3,5 cm.

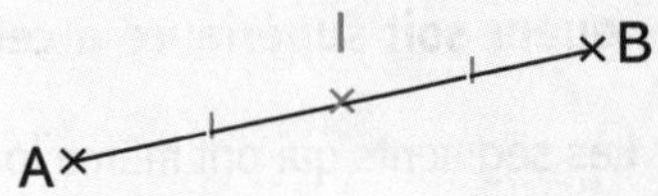

• **Le milieu d'un segment** est le point de ce segment qui est situé à égale distance de ses extrémités.
Pour traduire qu'un point I est le milieu d'un segment [AB], on écrit : **I ∈ [AB] et IA = IB**.

Cercle

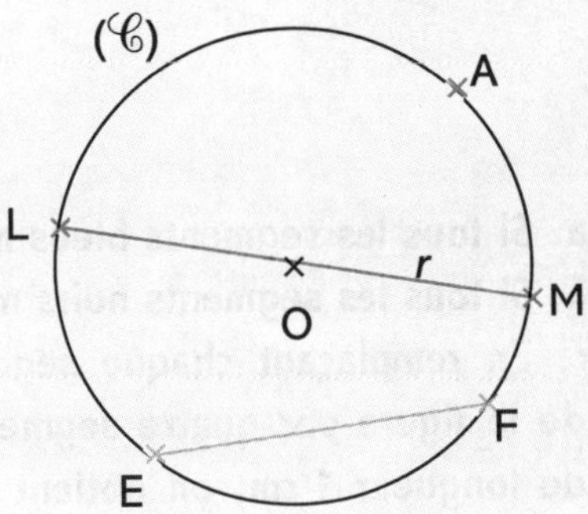

Le cercle de centre O et de rayon *r* est constitué de tous les points situés à la même distance *r* du point O.
Ici (𝒞) est un cercle de centre O et de rayon 2 cm.
Comme A appartient au cercle (𝒞), on a OA = 2 cm.
• Une corde d'un cercle est un segment dont les extrémités appartiennent à ce cercle.
[EF] est une corde.
• Un diamètre d'un cercle est une corde passant par le centre de ce cercle.
[LM] est un diamètre et LM = 2 × 2 cm = 4 cm.

Médiatrice d'un segment

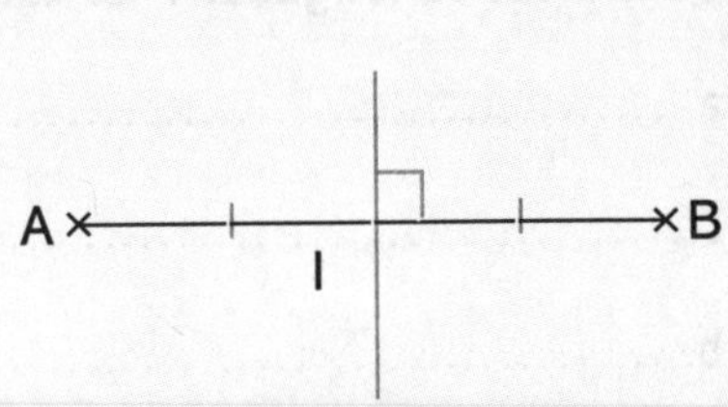

La médiatrice d'un segment est la droite qui est perpendiculaire à ce segment et qui coupe ce segment en son milieu.

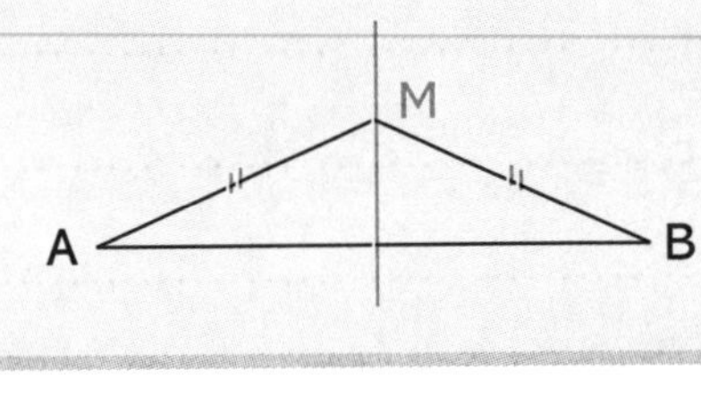

• Si un point appartient à la médiatrice d'un segment, alors il est situé à la même distance des extrémités de ce segment.
• Si un point est situé à la même distance des extrémités d'un segment, alors ce point appartient à la médiatrice de ce segment.

Distances. Milieu d'un segment

1 **Le pouce est une unité de longueur anglo-saxonne. Avec le compas et une règle non graduée construire un segment [AB] de longueur 3 pouces.**

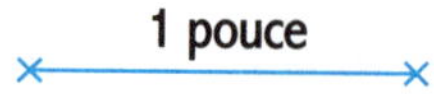

2 **a. Citer tous les segments de la figure ci-contre qui ont la même longueur.**
b. Citer un segment de la figure tel que sa longueur soit inférieure à celle de [AB].
c. Citer un segment de la figure tel que sa longueur soit supérieure à celle de [AB].

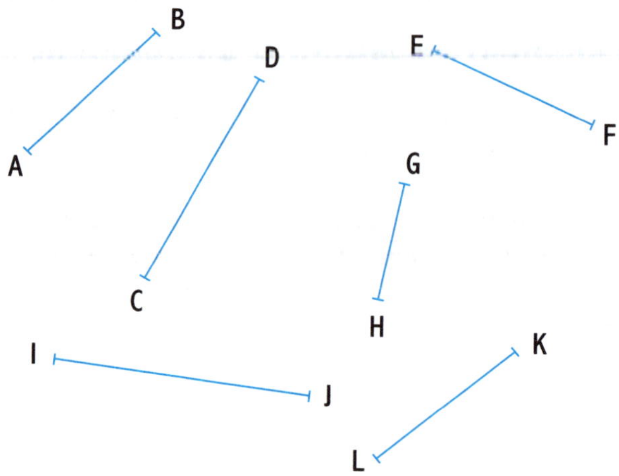

a. Les segments qui ont même longueur sont :

....

b. ....

c. ....

3 **a. Si tous les segments bleus mesurent 9 cm, quelle est la longueur de cette ligne ?**
b. Si tous les segments noirs mesurent 3 cm, quelle est la longueur de cette ligne ?
c. En remplaçant chaque segment noir de la figure par quatre segments bleus de longueur 1 cm, on obtient une troisième ligne brisée.
Quelle est sa longueur ? La construire.

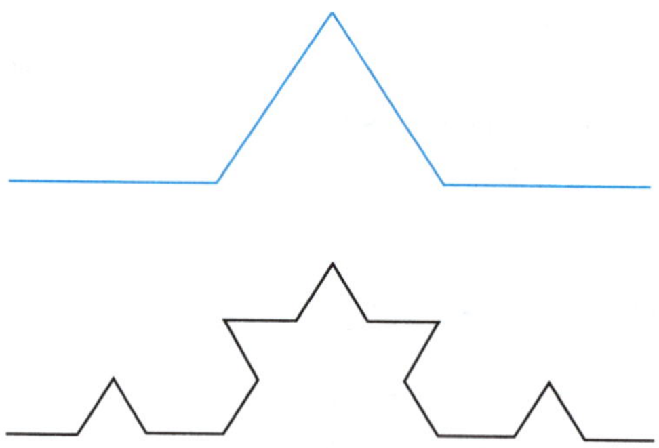

a. ....

....

b. ....

....

c. ....

....

4 **a.** Construire trois points alignés A, B et C tels que AB = 6 cm et AC = 8 cm.
b. Calculer la distance BC.

Attention, il y a deux cas.

a.

b. ....

....

5 ABC est un triangle équilatéral de côté 4 cm.
a. Construire les points D, E et F milieux respectifs des côtés [AB], [BC] et [CA]. Tracer le triangle DEF.
b. Construire les points G, H et I milieux respectifs des côtés [DE], [EF] et [FD]. Tracer le triangle GHI.
c. Continuer ainsi la figure.

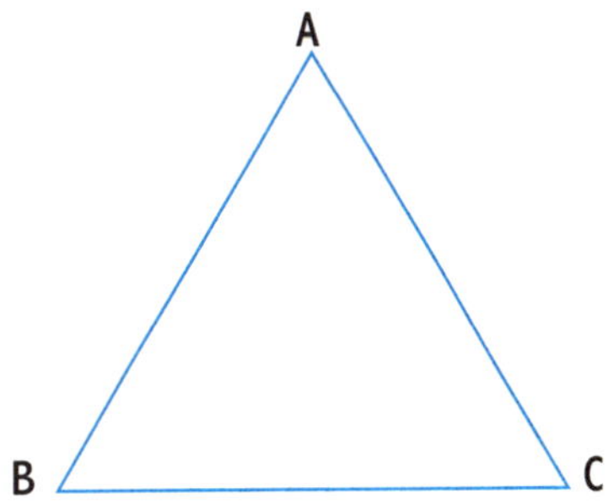

6 **a.** Sur une droite (*d*), placer trois points A, B et C tels que :
AB = 3 cm ; BC = 5 cm et AC = 8 cm.
b. Construire les points I et J tels que I soit le milieu de [AB], J le milieu de [BC].
c. Calculer la longueur du segment [AI] et la longueur du segment [CJ].
d. Calculer la longueur du segment [IJ].

a. b.

c. ....

d. ....

7 Le point I est le milieu du segment [AB]. Calculer en centimètre la distance AB dans chacun des cas suivants :
a. AI = 14 cm **b.** AI = 4,2 dm **c.** AI = 26 mm.

On peut faire une figure à main levée pour s'aider. Attention aux unités.

a. ....

b. ....

c. ....

Cercle

8 **Les trois points A, B, C sont alignés dans cet ordre et on a AB = 2 cm et BC = 3 cm.**
Sans utiliser la règle graduée, en n'utilisant que le compas :
a. **Tracer le cercle de centre A et de rayon 2 cm.**
b. **Tracer le cercle de centre C et de rayon 3 cm.**
c. **Tracer le cercle de centre B et de rayon 2 cm.**
d. **Tracer le cercle de centre C et de rayon 1 cm.**

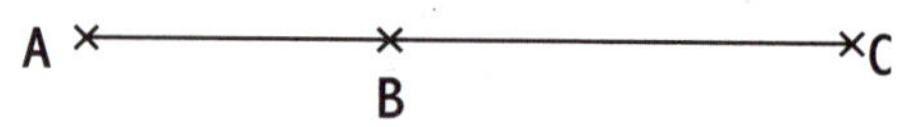

9 **Sur la figure ci-contre :**
a. **Que représente le point D pour le segment [AC] ?**
b. **Que représente le point E pour le demi-cercle de diamètre [CB] ?**
c. **Définir le point C de deux façons différentes.**

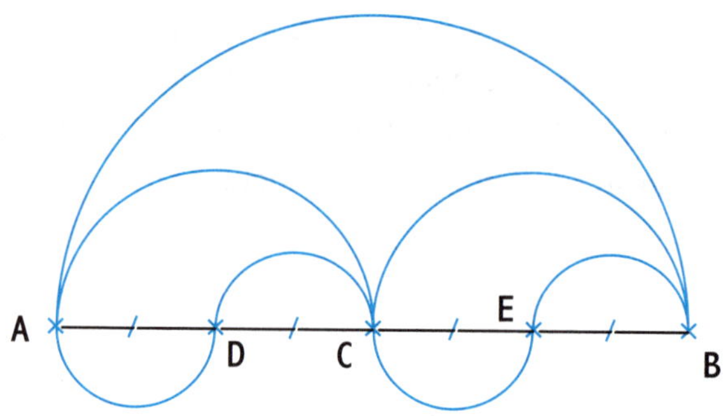

a. Le point D est le .... du segment [AC].

b. ....

c. ....

10 **Construire les triangles ABC et DEF tels que :**
AB = 5 cm, AC = 4 cm et BC = 2 cm et DE = 5,2 cm, DF = 3,2 cm et FE = 2,2 cm.

11 **a.** Tracer un cercle ($\mathscr{C}$) de centre O et de rayon égal à 3 cm.
Placer deux points A et B sur le cercle ($\mathscr{C}$) tel que AB = 5 cm.
b. Tracer en rouge la corde [AB].
c. Tracer en vert l'arc de cercle $\overset{\frown}{AB}$ de centre O et de rayon 3 cm.

Médiatrice d'un segment

12 Dans chacun des cas suivants, construire avec la règle et le compas la médiatrice du segment [AB].

> Dans le 2e cas, tracer les arcs de cercle d'un même côté de [AB].

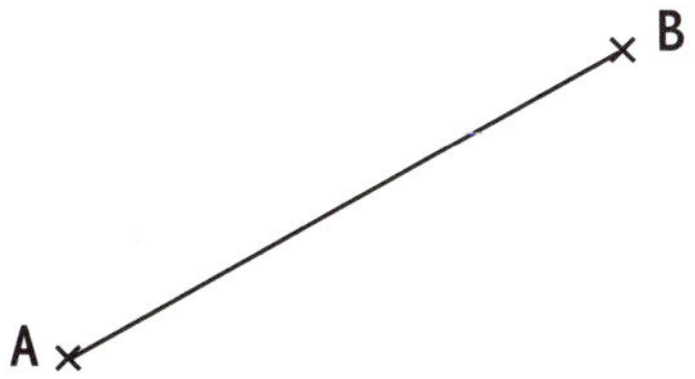

13 Les trois points A, B, C sont alignés dans cet ordre.
a. Construire la droite (*d*) médiatrice de [AB] et la droite (*d'*) médiatrice de [BC].
b. Prouver que les droites (*d*) et (*d'*) sont parallèles.

a.

b. Comme (*d*) est la .... du segment [AB], on peut en déduire que (*d*) ...... (AB).

Comme .... (*d'*) ...... (BC)

Or les points A, B et C sont alignés donc (*d'*) ...... (AB).

Or si deux droites sont ....

....

....

14 a. Sur le cercle ($\mathscr{C}$) de centre O et de rayon 2,5 cm, placer deux points A et B sur ce cercle tel que [AB] ne soit pas un diamètre.
b. Avec la règle et le compas, construire la médiatrice (*d*) du segment [AB]. Pourquoi passe-t-elle par O ?

a.

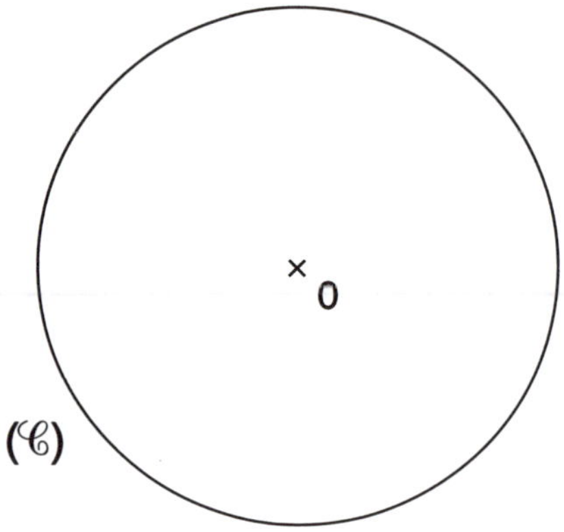

b. Comme A ∈ ($\mathscr{C}$), on a OA = 2,5 cm et comme

....

On a donc OA = ...

Le point ...... est situé à la même distance des extrémités du segment ......, donc ce point appartient ....

....

15 Sur la figure ci-dessous on a :
I est le milieu du segment [AB] tel que AB = 8 cm ;
(*d*) est la médiatrice du segment [AB] ;
($\mathscr{C}$) est le cercle de centre I et de rayon 3 cm.
a. Colorier, en bleu, l'ensemble des points situés à moins de 3 cm de I et plus près de A que de B.
b. Colorier, en jaune, l'ensemble des points situés à plus de 3 cm de I et plus loin de A que de B.

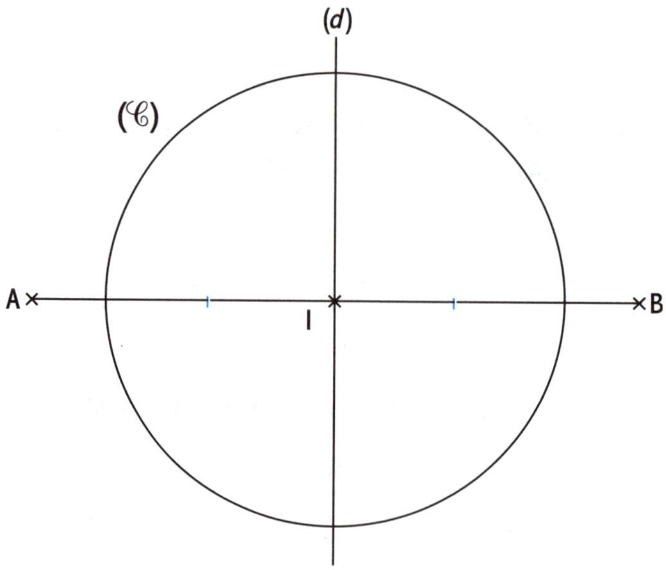

10

ANGLES

Rappel de cours

Notion d'angle

• **Un angle** est délimité par deux demi-droites de même origine. Les deux demi-droites sont appelées les **côtés de l'angle**. L'origine de ces demi-droites est appelée le **sommet de l'angle**.

• Un angle **rentrant** est un angle plus grand qu'un angle plat. Un angle **saillant** est un angle plus petit qu'un angle plat.

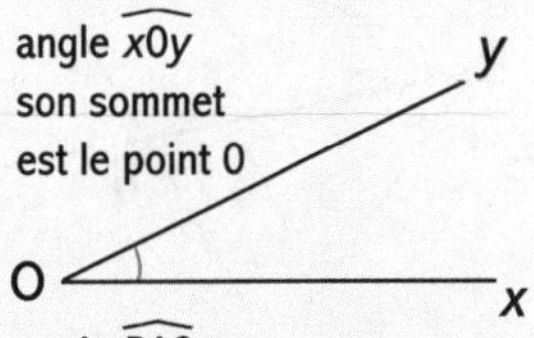

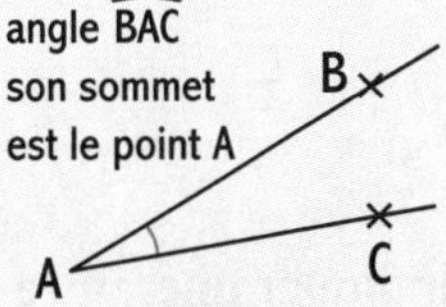

Mesure d'un angle

Une unité usuelle de mesure d'angle est le **degré**, noté °.
Pour mesurer un angle, on utilise un **rapporteur**.
Ici $\widehat{xOy} = 33°$.

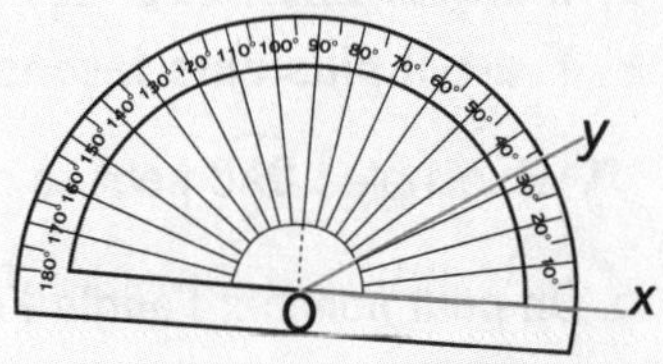

Angle	Nul	Aigu	Droit	Obtus	Plat	Rentrant
	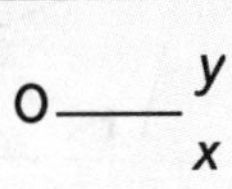	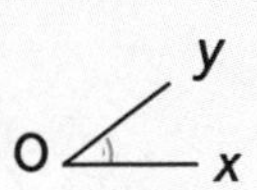	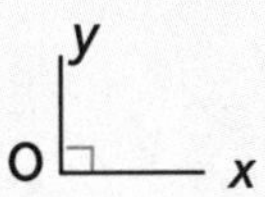	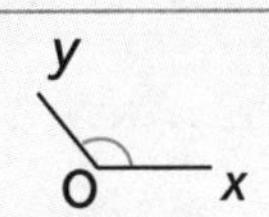	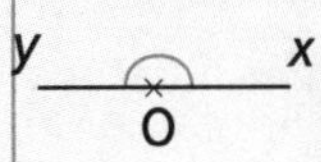	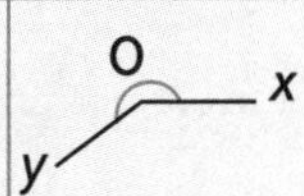
Mesure	0°	entre 0° et 90°	90°	entre 90° et 180°	180°	entre 180° et 360°

Angle nul : les côtés sont confondus. **Angle droit** : les côtés sont perpendiculaires.
Angle plat : les côtés sont dans le prolongement l'un de l'autre.

Angles adjacents

Deux angles sont **adjacents** si :
– ils ont le même sommet ;
– ils ont un côté commun ;
– ils sont situés de part et d'autre de ce côté commun.

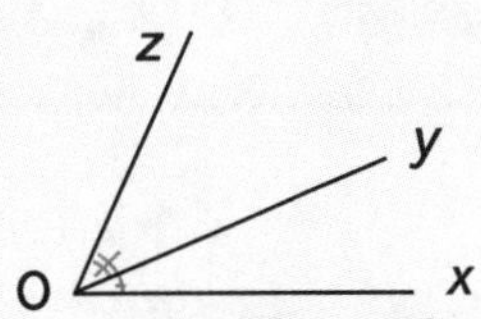

les angles $\widehat{xOy}$ et $\widehat{yOz}$ sont adjacents

Bissectrice d'un angle

La bissectrice d'un angle est la demi-droite qui partage cet angle en deux angles adjacents de même mesure.

$\widehat{xOy} = 38°$
$\widehat{yOu} = \widehat{uOx} = 19°$

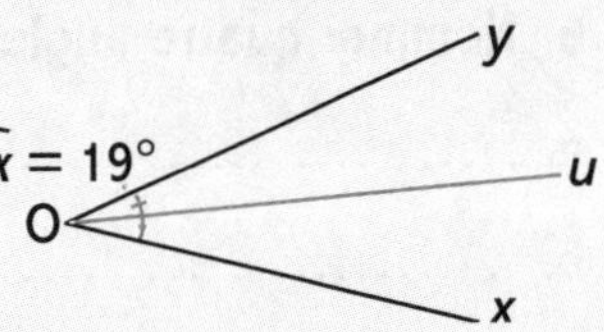

Nommer et comparer des angles

1 **Sur la figure ci-dessous :**

Il faut **absolument** connaître le sens des mots : aigu, obtus, plat etc.

a. Marquer en rouge l'angle $\widehat{NIL}$ et l'angle $\widehat{LBE}$.
b. Citer deux angles aigus et deux angles obtus de la figure.
c. Citer un angle plat de la figure.

a.

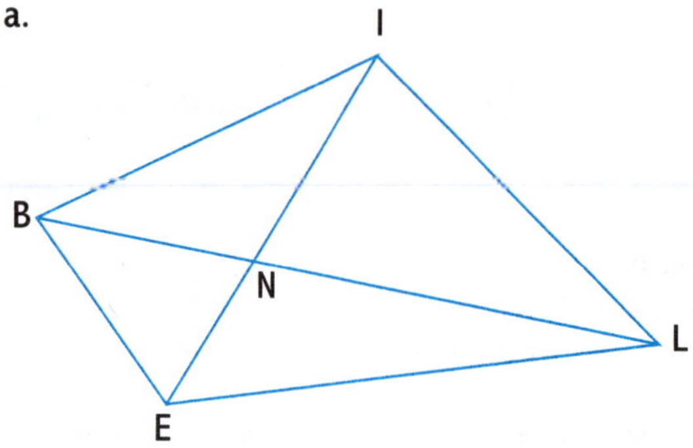

b. Angles aigus :

....

Angles obtus :

....

c. Angle plat :

....

2 **a. Indiquer une autre façon de nommer les angles $\widehat{FAH}$, $\widehat{HBE}$ et $\widehat{HIG}$ de la figure ci-dessous.**
b. Y-a-t-il plusieurs façons de nommer l'angle $\widehat{FCG}$ avec les noms des points de la figure ?

★ Exemple : $\widehat{DAB}$ peut se nommer $\widehat{GAE}$.

a. On peut nommer l'angle $\widehat{FAH}$, l'angle ....

....

....

....

....

b. ....

....

....

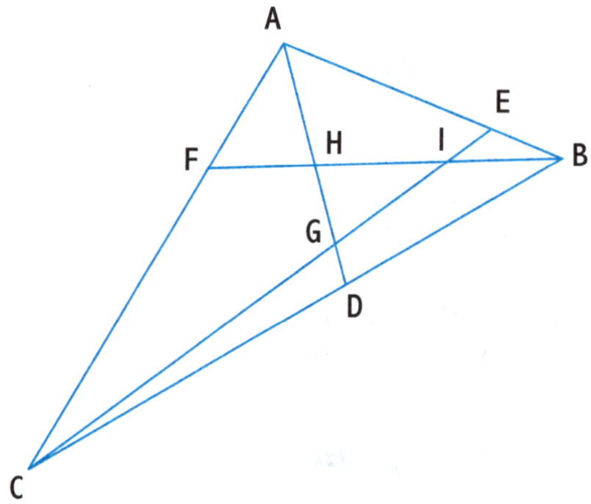

3 **a. Nommer trois angles différents de la figure ci-dessus ayant C pour sommet.**
b. Nommer quatre angles différents de la figure ci-dessus ayant I pour sommet.

a. ....

b. ....

Mesurer des angles

4 **Pour chacun des angles suivants, indiquer s'il est aigu ou obtus. Puis, à l'aide du rapporteur, donner sa mesure en degré.**

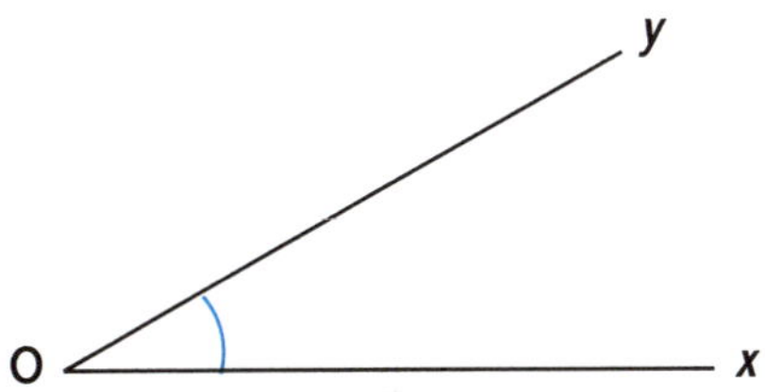

aigu ☐ obtus ☐

mesure : ....

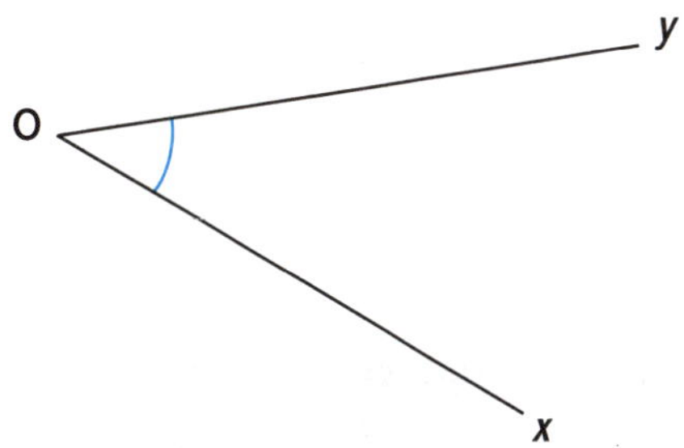

aigu ☐ obtus ☐

mesure : ....

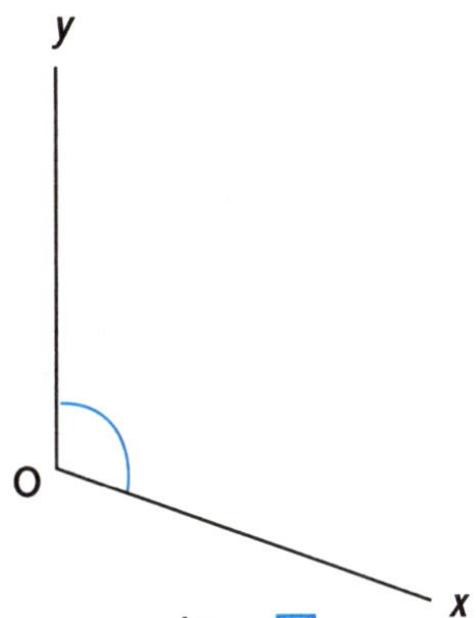

aigu ☐ obtus ☐

mesure : ....

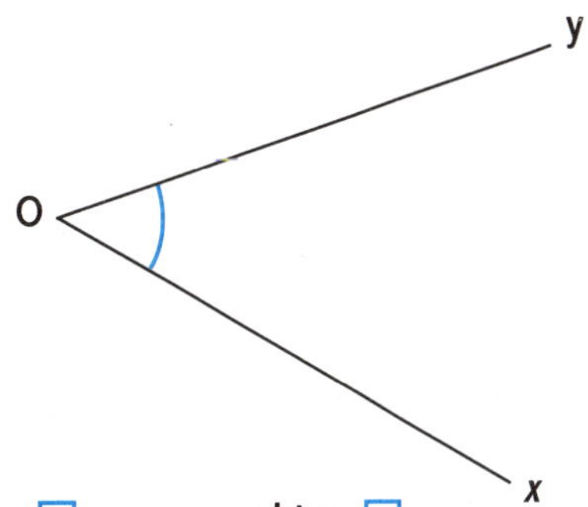

aigu ☐ obtus ☐

mesure : ....

5 **Sur la figure ci-contre associer, sans vous servir du rapporteur, le numéro de l'angle à sa mesure.**

L'angle de mesure 97° est associé à l'angle numéro ....

....

....

....

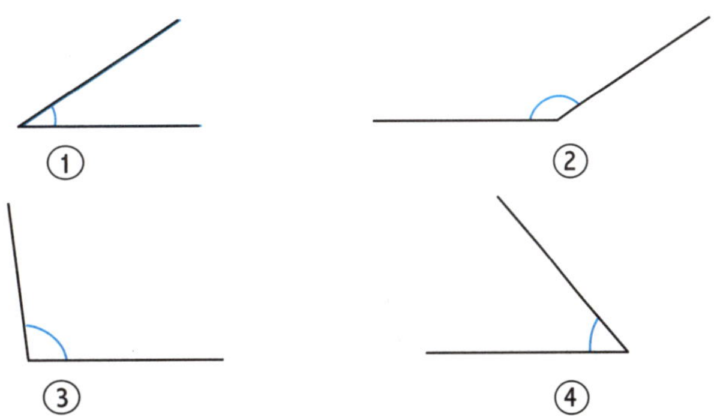

97° 34° 50° 146°

Tracer ou reproduire des angles

6 **a.** **Construire un triangle JOI tel que JO = 6 cm, JI = 5 cm et OI = 10 cm.**
b. **Mesurer ses angles avec un rapporteur.**

7 **a.** **Tracer un angle $\widehat{xOy}$ mesurant 65°.**
b. **Tracer un angle $\widehat{uBv}$ mesurant 125°.**

Il faut savoir se servir d'un rapporteur. Attention au placement du zéro.

a.

b.

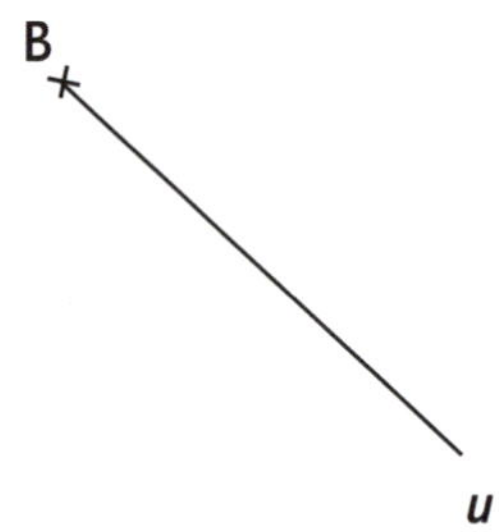

8 **Reproduire, sans rapporteur, les angles ci-dessous :**

Original	Reproduction
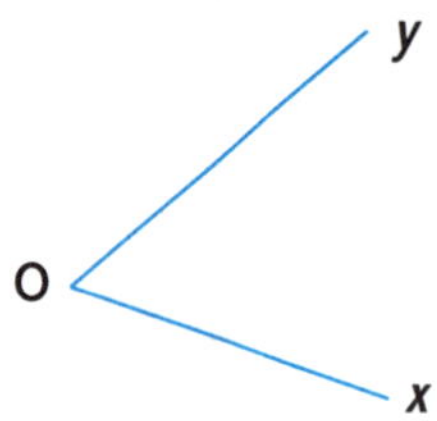	
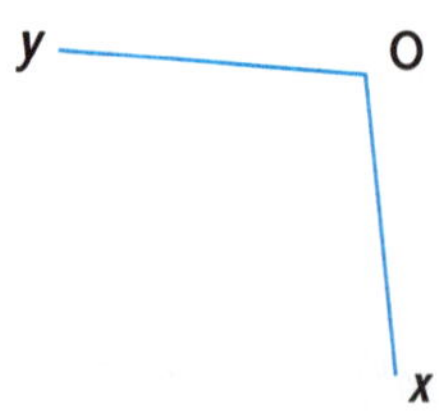	

Angles adjacents

9 **a.** **Tracer deux angles $\widehat{xOy}$ et $\widehat{yOz}$ qui sont adjacents.**
b. **Tracer deux angles $\widehat{xOy}$ et $\widehat{yOz}$ qui ne sont pas adjacents.**

a.

b.

10 **Sur la figure ci-contre :**

a. **Citer deux paires d'angles adjacents.**

b. **Citer un angle adjacent à l'angle $\widehat{PMQ}$.**

c. **Citer un angle ayant le même sommet que l'angle $\widehat{BEN}$ et qui ne lui est pas adjacent.**

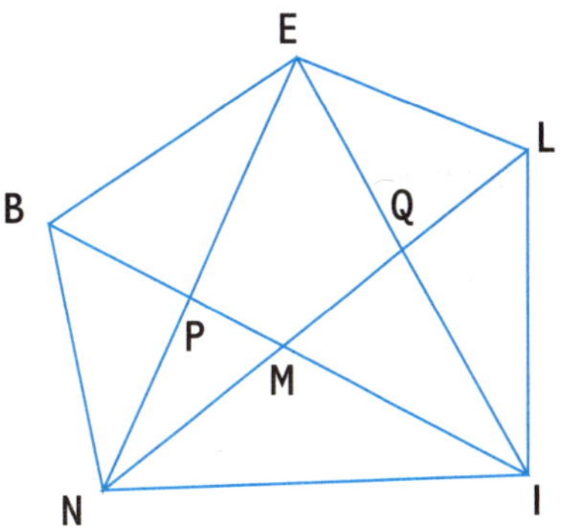

a. ....

b. ....

c. ....

11 **Dans chacun des cas suivants, indiquer les angles adjacents et calculer la mesure de l'angle demandé.**

a.

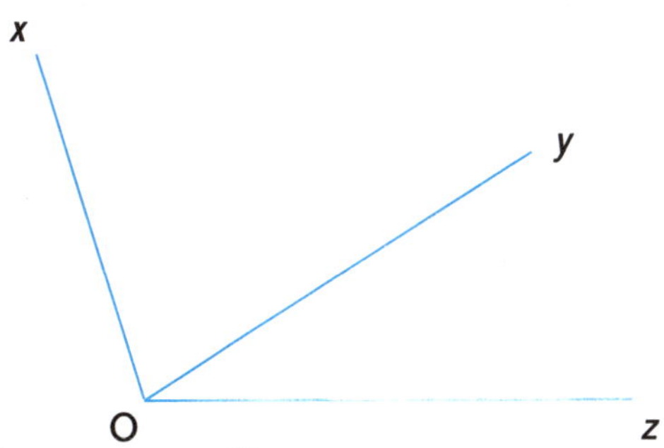

$\widehat{yOz} = 33°$ $\widehat{yOx} = 74°$

Les angles adjacents sont les

angles ...... et ......

$\widehat{xOz} =$ ....

b.

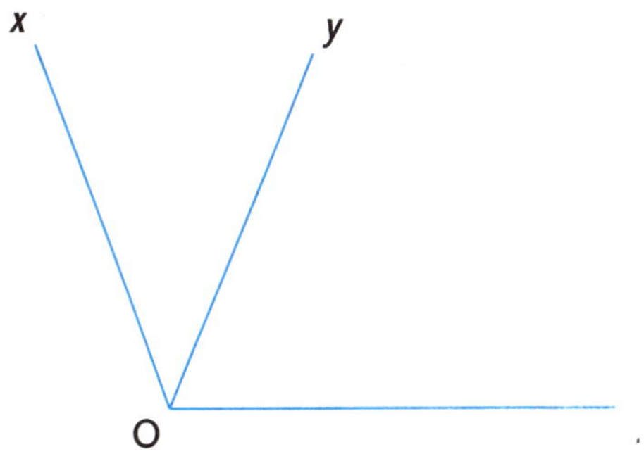

$\widehat{yOz} = 68°$ $\widehat{xOz} = 110°$

....

....

$\widehat{xOy} =$ ....

Bissectrice d'un angle

12 **Sur la figure ci-contre, on a :**
[O*u*) bissectrice de l'angle $\widehat{yOz}$;
[O*v*) bissectrice de l'angle $\widehat{xOy}$;
a. si $\widehat{xOy} = 109°$ et $\widehat{yOz} = 40°$, déterminer la mesure de l'angle $\widehat{uOv}$.
b. si $\widehat{xOz} = 130°$ et $\widehat{yOz} = 50°$, déterminer la mesure de l'angle $\widehat{uOv}$.

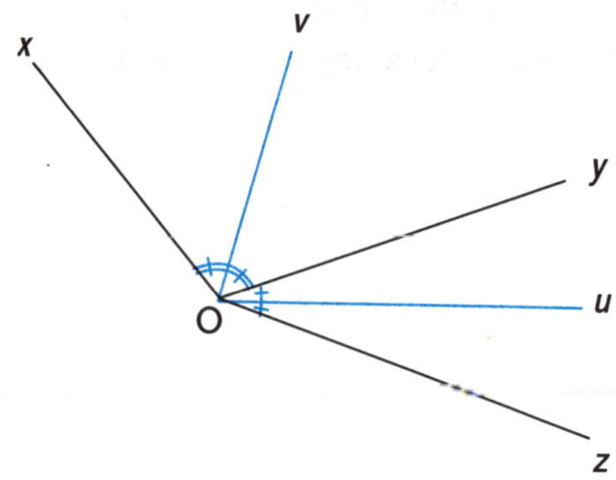

a. Comme [O*u*) est la bissectrice de l'angle ......,

on a $\widehat{zOu} = \widehat{uOy} =$ ......°.

Comme ....

....

Puisque les angles ...... et ...... sont adjacents, on a $\widehat{vOu} =$ ....

....

b. ....

....

....

....

13 **a. Construire un triangle BON tel que : ON = 10 cm, $\widehat{BON} = 30°$ et $\widehat{BNO} = 50°$.**
b. Construire (d_1) la bissectrice de l'angle $\widehat{BON}$ et (d_2) la médiatrice du segment [BO]. Placer sur la figure le point M intersection des droites (d_1) et (d_2).

11

Triangles et quadrilatères particuliers

Rappel de cours

Triangles

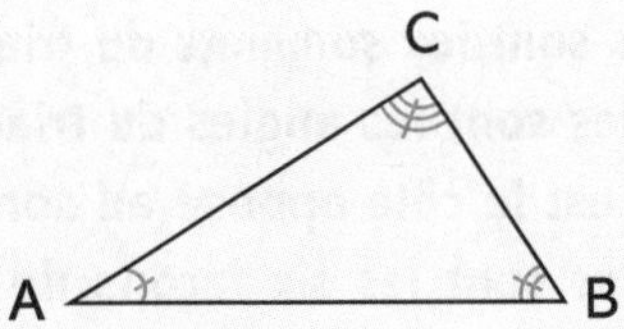

Le triangle ABC a :
- trois **sommets** : les points A, B et C ;
- trois **côtés** : les segments [AB], [BC] et [CA] ;
- trois **angles** : $\widehat{ABC}$; $\widehat{BCA}$ et $\widehat{CAB}$.

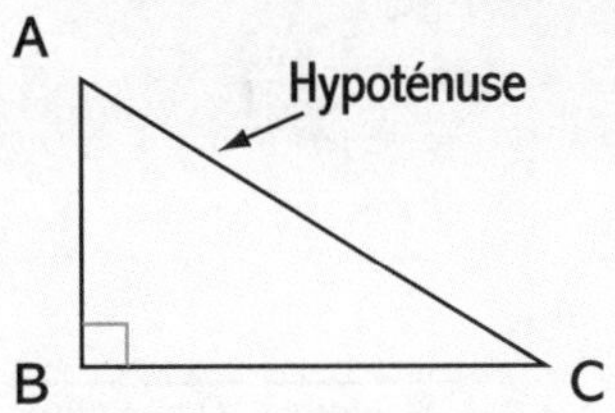	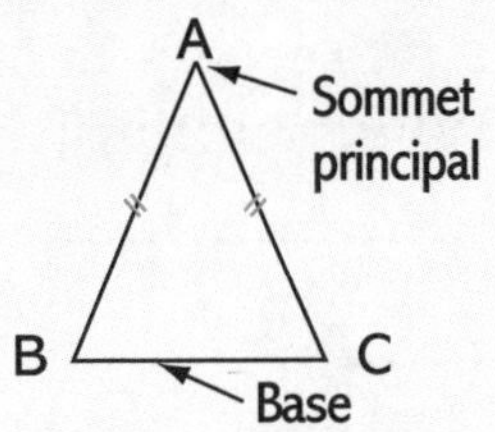	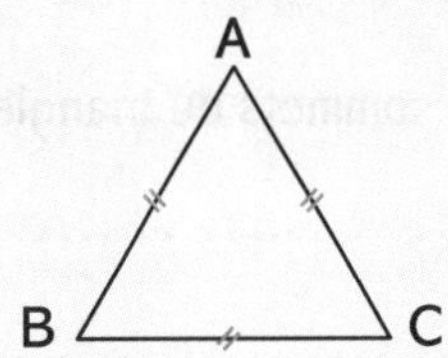
• Un **triangle rectangle** est un triangle qui a un angle droit.	• Un **triangle isocèle** est un triangle qui a deux côtés de même longueur.	• Un **triangle équilatéral** est un triangle qui a ses trois côtés de même longueur.

Quadrilatères

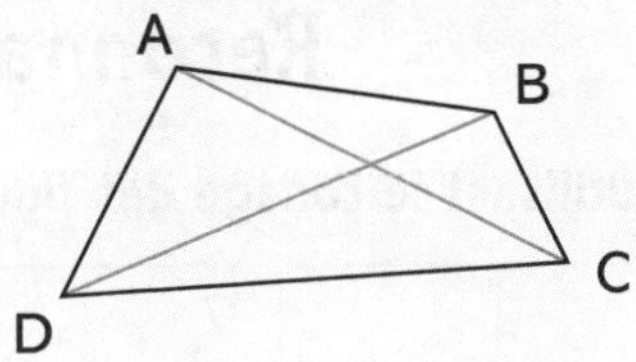

Le quadrilatère ABCD a :
- quatre **sommets** : les points A, B, C et D ;
- quatre **côtés** : les segments [AB], [BC], [CD] et [DA] ;
- quatre **angles** : $\widehat{ABC}$; $\widehat{BCD}$; $\widehat{CDA}$ et $\widehat{DAB}$;
- deux **diagonales** : les segments [AC] et [BD].

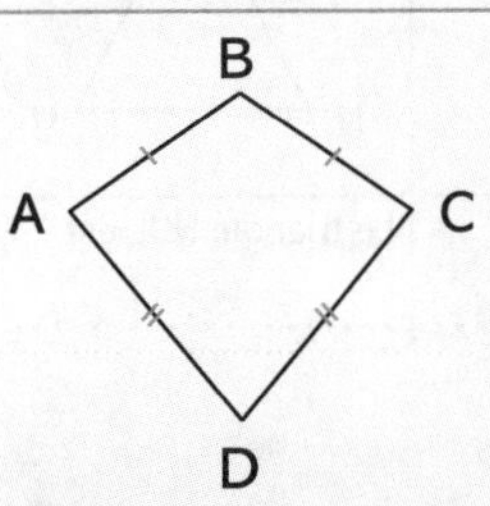	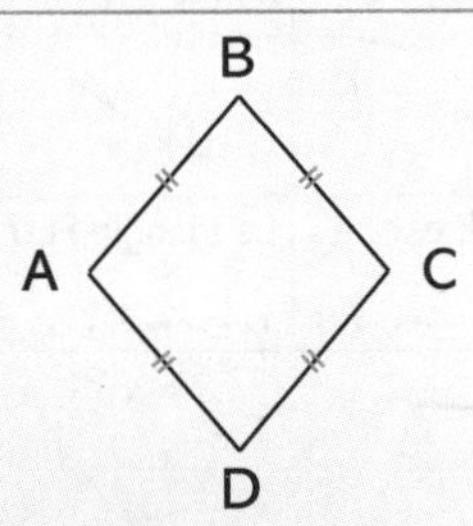	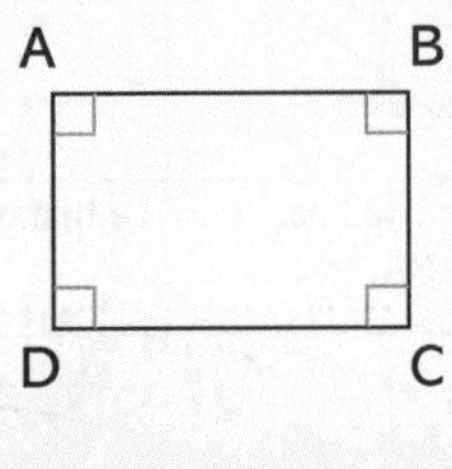	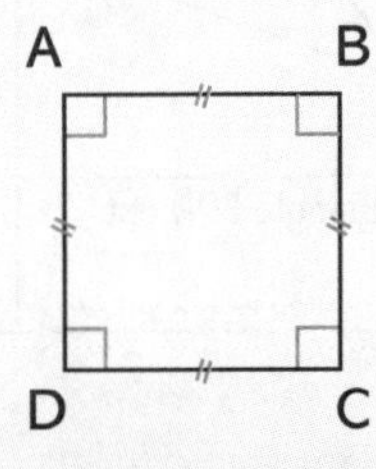
Un **cerf-volant** est un quadrilatère qui a deux paires de côtés consécutifs de même longueur.	Un **losange** est un quadrilatère qui a ses quatre côtés de même longueur.	Un **rectangle** est un quadrilatère qui a ses quatre angles droits.	Un **carré** est un quadrilatère qui a ses quatre angles droits et ses quatre côtés de la même longueur.

Triangles : vocabulaire

1 **Sur la figure ci-contre combien y-a-t-il de triangles ?**

Il y a ...... triangles.

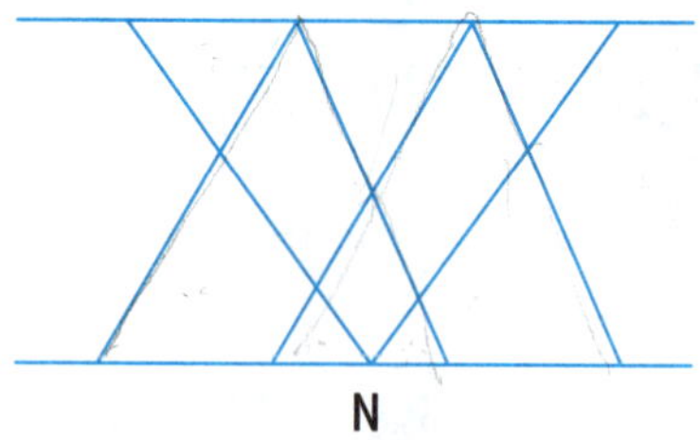

2 **On considère les triangles de la figure ci-contre.**

a. Quels sont les sommets du triangle WIN ?
b. Quelles sont les angles du triangle BAD ?
c. Quel est le côté opposé au sommet W ?
d. Quelles sont les six façons de nommer le triangle BAD ?

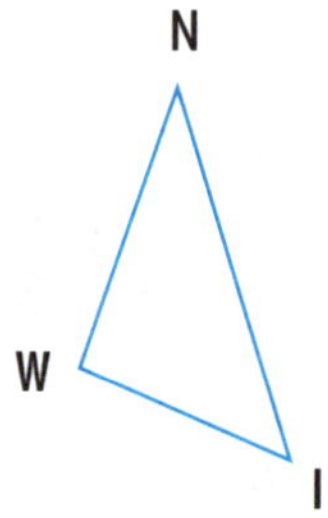

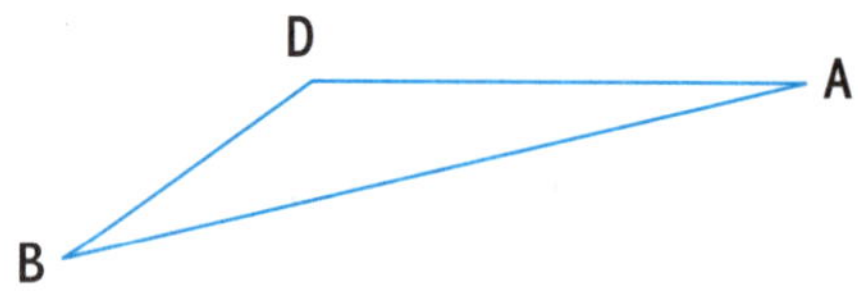

a. Les sommets du triangle WIN sont ....

b. ....

c. ....

d. ....

....

Reconnaître la nature d'un triangle

3 **En utilisant le codage des figures indiquer la nature de chacun des triangles.**

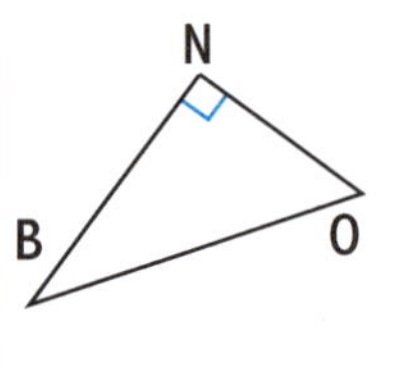	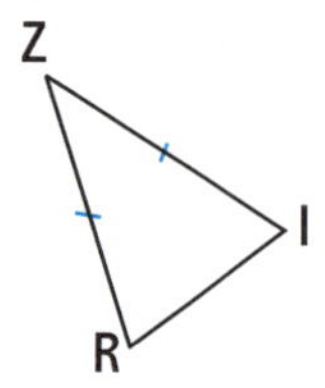	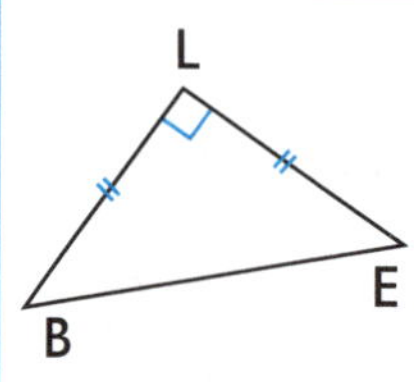	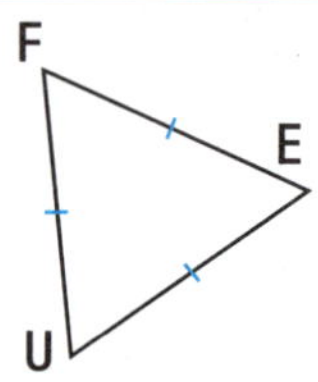	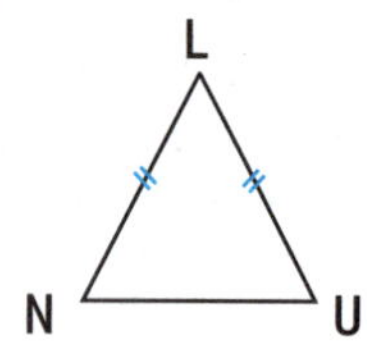
Le triangle BON est	Le triangle RIZ est	Le triangle BLE est	Le triangle FEU est	Le triangle NUL est ....

4 **Un triangle peut-il être équilatéral rectangle ?**

....

....

5 En vous aidant des observations de la figure ci-contre,

a. Citer les triangles isocèles.

b. Citer les triangles rectangles.

c. Citer les triangles équilatéraux.

d. Citer les triangles rectangles isocèles.

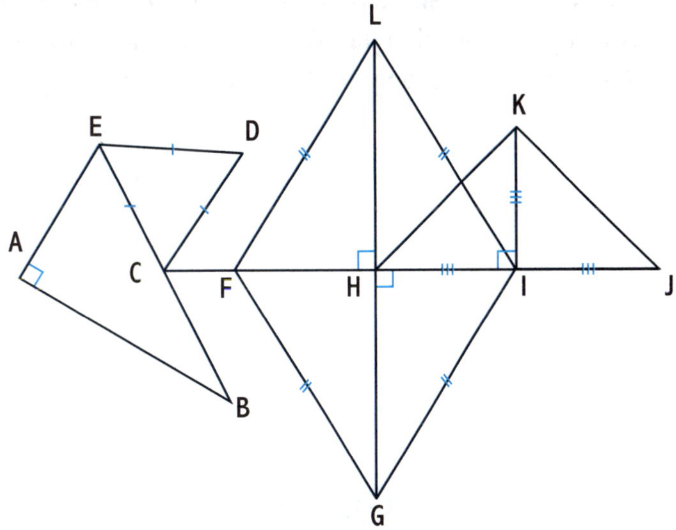

a. Les triangles isocèles sont :

....

b. ....

....

c. ....

....

d. ....

Construire un triangle

6 On demande de construire un triangle ABC isocèle. Combien y-a-t-il de triangles non superposables répondant à cette demande ?

....

....

7 Construire tous les triangles isocèles possibles LAC tel que :
LA = 3 cm et LC = 5 cm.

8 a. Construire un triangle BON, rectangle en O, tel que BO = 4 cm et ON = 3 cm.
b. À l'extérieur du triangle BON, construire le triangle BOU rectangle isocèle en B.
c. À l'extérieur du triangle BON, construire le triangle BAN équilatéral.

Quadrilatères : vocabulaire

9 Sans faire de figure, citer les côtés et les diagonales d'un quadrilatère nommé :
a. PARC b. ROUE c. POLE

Visualisez la figure de tête.

★ Exemple : si ABCD est un quadrilatère ses côtés sont : [AB], [BC], [CD], [DA] et ses diagonales sont [AC] et [BD].

a. Côtés : .... Diagonales : ....

b. Côtés : .... Diagonales : ....

c. Côtés : .... Diagonales : ....

Reconnaître un quadrilatère

10 En utilisant le codage des figures indiquer la nature de chacun des quadrilatères.

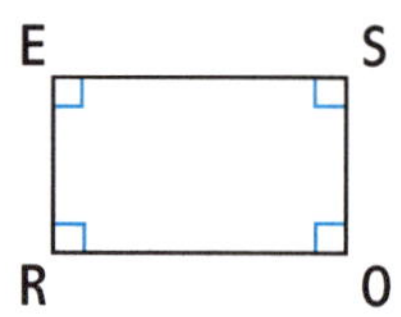	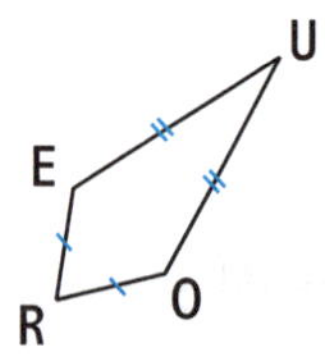	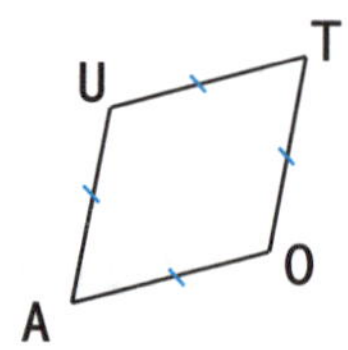	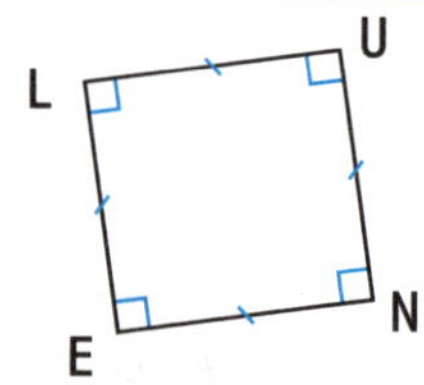
Le quadrilatère ROSE est	Le quadrilatère ROUE est	Le quadrilatère AUTO est	Le quadrilatère LUNE est ....

11 a. Un rectangle est-il un carré ? b. Un losange est-il un cerf-volant ?

a. ....

....

b. ....

....

12 En observant la figure ci-contre,
a. citer tous les triangles rectangles dessinés ;
b. citer tous les carrés dessinés ;
c. citer tous les rectangles dessinés.

On ne demande que ceux dessinés. Attention, un rectangle n'est pas un carré.

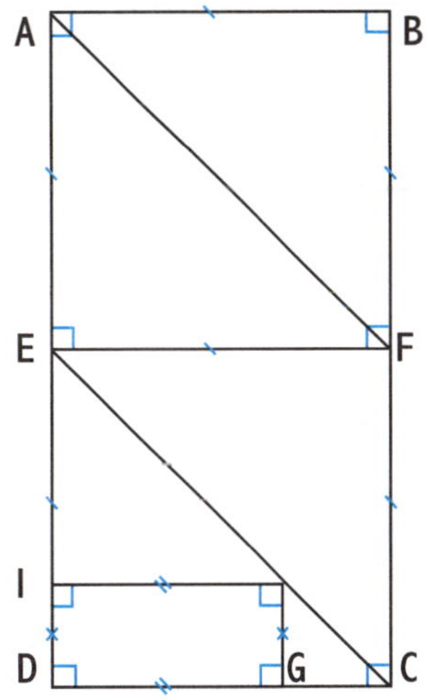

a. ....

....

b. ....

....

c. ....

....

Construire un quadrilatère

13 Construire un rectangle ABCD dont les dimensions sont :
AB = 8 cm et AD = 3 cm.

Les côtés opposés d'un rectangle ont la même longueur donc : BC = AD et AB = CD.

14 Construire trois losanges non superposables dont les côtés mesurent 3 cm.

15 **Construire le cerf-volant CERF tel que :**
CE = 5 cm ; ER = 6 cm et $\widehat{FCE}$ = 50°.

Commencer par faire une figure à main levée.

16 **a. Tracer un carré de 6 cm de côté.**
b. Tracer le quadrilatère ayant pour sommets les milieux des côtés du carré.
Avec l'équerre, vérifier que ses côtés consécutifs sont perpendiculaires.
Avec le compas, vérifier que ses côtés ont la même longueur.
Quelle est la nature de ce quadrilatère ?
c. Terminer le dessin en traçant d'autres carrés et le colorier comme ci-contre :

b. Ce quadrilatère est un ....

a. c.

12 **En observant la figure ci-contre,**
a. citer tous les triangles rectangles dessinés ;
b. citer tous les carrés dessinés ;
c. citer tous les rectangles dessinés.

On ne demande que ceux dessinés.
Attention, un rectangle n'est pas un carré.

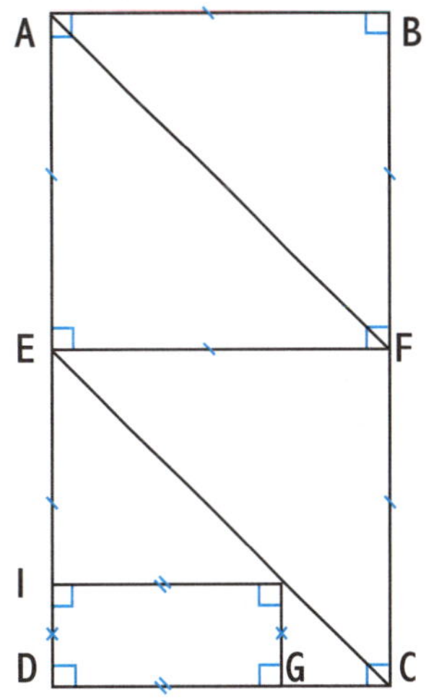

a. ....

....

b. ....

....

c. ....

....

Construire un quadrilatère

13 **Construire un rectangle ABCD dont les dimensions sont : AB = 8 cm et AD = 3 cm.**

Les côtés opposés d'un rectangle ont la même longueur donc : BC = AD et AB = CD.

14 **Construire trois losanges non superposables dont les côtés mesurent 3 cm.**

15 **Construire le cerf-volant CERF tel que :**
CE = 5 cm ; ER = 6 cm et $\widehat{FCE}$ = 50°.

Commencer par faire une figure à main levée.

16 **a.** **Tracer un carré de 6 cm de côté.**
b. **Tracer le quadrilatère ayant pour sommets les milieux des côtés du carré.**
Avec l'équerre, vérifier que ses côtés consécutifs sont perpendiculaires.
Avec le compas, vérifier que ses côtés ont la même longueur.
Quelle est la nature de ce quadrilatère ?
c. **Terminer le dessin en traçant d'autres carrés et le colorier comme ci-contre :**

b. Ce quadrilatère est un ....

a. c.

12 PÉRIMÈTRES ET AIRES

Rappel de cours

Périmètre et aire d'une figure

• **Le périmètre d'une figure** est la longueur de son contour, dans une unité de longueur donnée.
• **L'aire d'une surface** est la mesure de sa surface, dans une unité d'aire donnée.

Le périmètre de cette figure est égal à 18 unités de longueur.

L'aire de cette figure est égale à 8 unités d'aire.

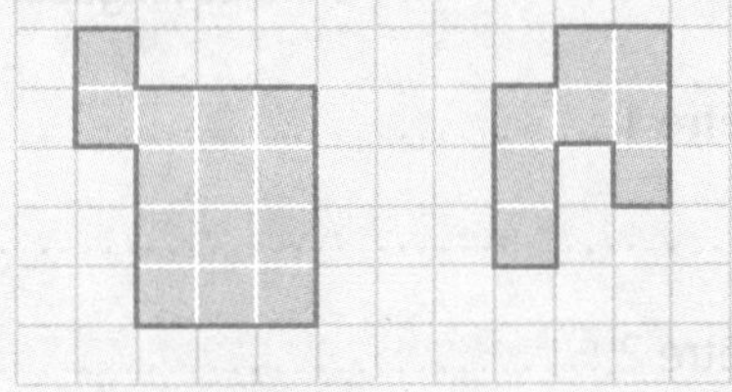

— Unité de longueur : longueur de ce segment

Unité d'aire : aire de ce carreau

Changements d'unités d'aires

L'unité d'aire est le mètre carré, noté m^2.
Un mètre carré ($1\ m^2$) est l'aire d'un carré de côté 1 m.
On utilise aussi : – les multiples du m^2 : le km^2, le hm^2 et le dam^2 ;
– les sous-multiples du m^2 : le dm^2, le cm^2 et le mm^2.
$1\ cm^2 = 100\ mm^2$; $1\ m^2 = 100\ dm^2$; $1\ dam^2 = 100\ m^2$; $1\ hm^2 = 100\ dam^2$;
$1\ km^2 = 100\ hm^2$.

Formules d'aires et de périmètres

Les dimensions doivent être exprimées dans la même unité.

			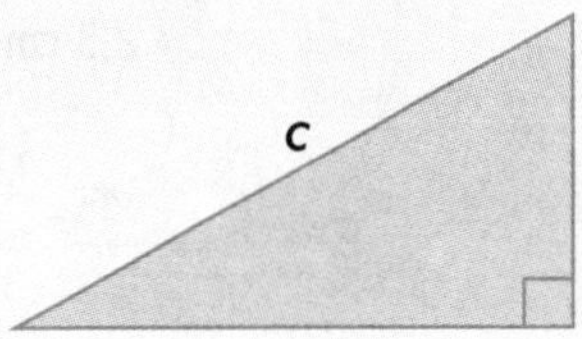
Aire	$L \times \ell$	$c \times c$	$\dfrac{a \times b}{2}$
Périmètre	$2 \times (L + \ell) = 2 \times L + 2 \times \ell$	$4 \times c$	$a + b + c$

Longueur d'un cercle

La longueur ℓ d'un cercle est donnée par la formule :
$\ell = \pi \times d$ où d représente le diamètre du cercle.
$\ell = 2 \times \pi \times r$ où r représente le rayon du cercle.
Une valeur approchée du nombre π est 3,14159.

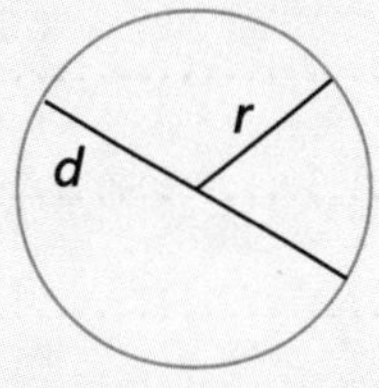

Aires et périmètres

1 **En vous servant du quadrillage :**
– Déterminer le périmètre des surfaces suivantes.
– Déterminer l'aire des surfaces suivantes.

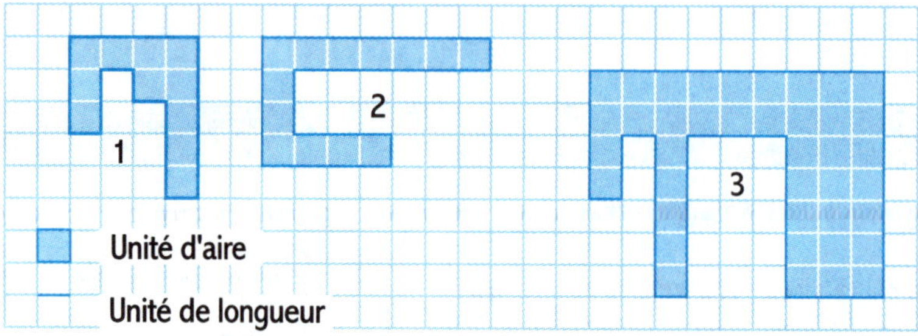

Périmètre 1 : ....

Aire 1 : ....

Périmètre 2 : ....

Aire 2 : ....

Périmètre 3 : ....

Aire 3 : ....

2 **Calculer les périmètres des figures en vous aidant des renseignements indiqués.**

a.

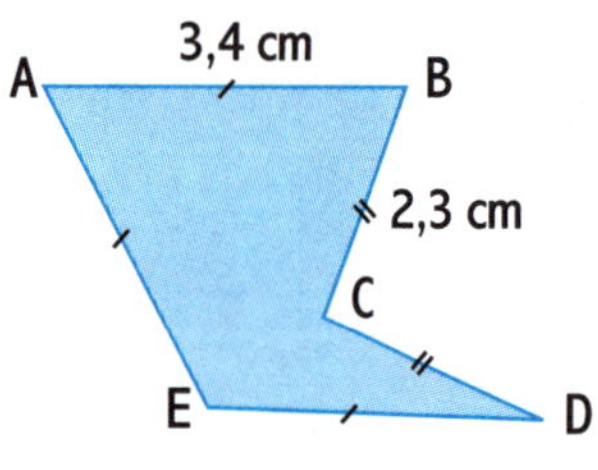

b.

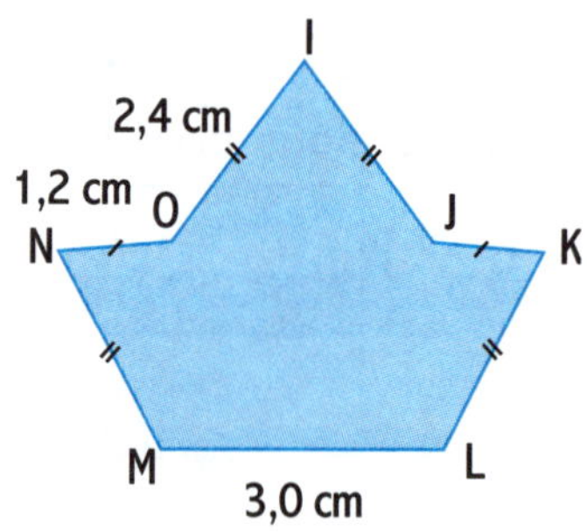

a. D'après le codage il y a 3 côtés de même mesure 3,4 cm, qui sont : ....

Il y aussi ...... côtés de même mesure ....

Le périmètre (en cm) est donc : ....

b. ....

....

....

3 **a.** Un rectangle ABCD a pour longueur 6 cm et pour périmètre 20 cm. Quelle est son aire ?

On peut faire une figure pour s'aider.

b. Un rectangle a pour longueur 5 cm et pour aire 20 cm^2. Quel est son périmètre ?

a. ....

....

b. ....

....

4 On découpe dans un carré ABCD de côté 5 cm, un carré AMNP de côté 3 cm et tel que M $\in$ [AB].

a. Faire la figure.

b. Quel est le périmètre du polygone MBCDPN ?

c. Quelle est l'aire du polygone MBCDPN ?

a.

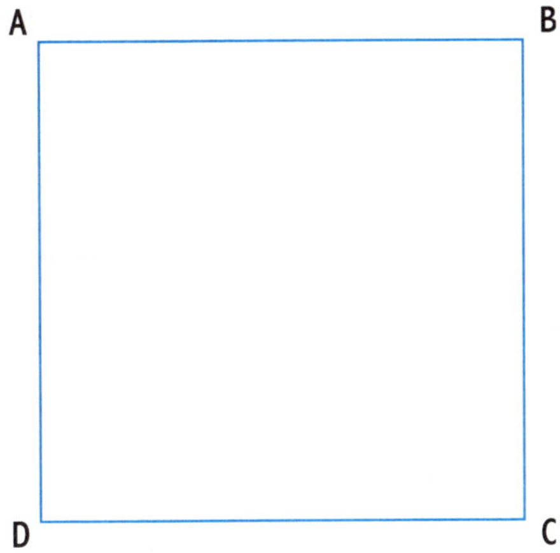

b. Comme M $\in$ [AB] et que AM = 3 cm et BA = 5 cm ;

on a : MB = 5 – 3 = 2 soit MB = 2 cm.

Comme P ....

....

Comme AMNP est un carré, on a PN = ... et MN = ...

Le périmètre du polygone (en cm) est donc : .... soit .... cm.

c. ....

....

....

....

5 Dans chacun des cas suivants, calculer en m^2 l'aire $\mathscr{A}$ d'un triangle rectangle en A :

a. $a = 7$ m ; $b = 4$ m **b.** $a = 4,5$ cm ; $b = 3$ cm

★ Exemple : $a = 4,2$ m et $b = 1,5$ m. L'aire $\mathscr{A}$ du triangle rectangle (en m^2) est :

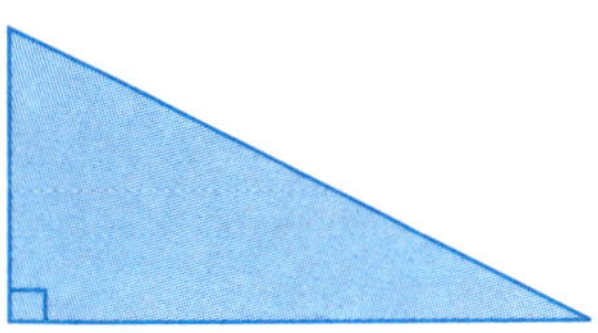

$$\mathscr{A} = \frac{1}{2} \times 4,2 \times 1,5 = 3,15$$

a. ....

b. ....

6 **Dans chacun des cas suivants, déterminer la grandeur manquante :**

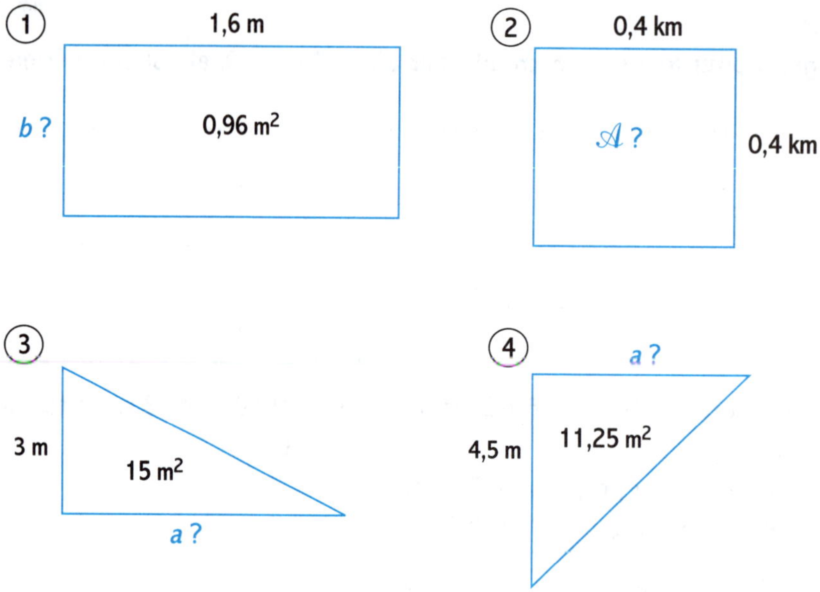

7 **Calculer l'aire et le périmètre des surfaces ci-dessous :**

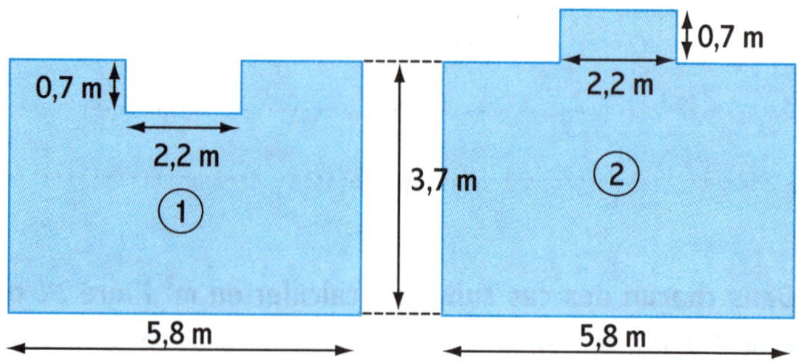

Unités d'aires

8 **Convertir en m^2 : a. 18,5 dam^2 b. 245 dm^2 c. 0,000 124 km^2**

★ Exemple : pour convertir 5,4 hm^2 en m^2, on multiplie 5,4 par 100 × 100.
Soit 5,4 hm^2 = 54 000 m^2.

a. Pour convertir 18,5 dam^2 en m^2, on multiplie ...... par ....

Soit 18,5 dam^2 = ... m^2.

b. ....

c. ....

9 **Est-il vrai que :**

a. 78,05 dam^2 = 7 805 m^2 ?

b. 0,0,10 101 km^2 = 101 010 m^2 ?

c. 7 000 cm^2 = 0,7 m^2 ?

d. 0,000 784 m^2 = 7,84 mm^2 ?

a. .... b. ....

c. .... d. ....

10 **Les phrases suivantes sont-elles vraisemblables ?**

Vraisemblable veut dire : « qui peut être vrai ».

a. L'aire d'un terrain de football est 0,5 km^2.

b. L'aire de ma maison est 0,01 hm^2.

c. L'aire de la piscine est de 450 m^2.

d. L'aire d'un ongle est 150 mm^2.

a. .... b. ....

c. .... d. ....

Longueur d'un cercle

11 **Calculer la longueur ℓ d'un cercle de rayon 4,5 cm.**

Attention π n'est pas égal à 3,14.

a. En donnant la valeur exacte en fonction de π.

b. En vous aidant de votre calculatrice, donner une valeur approchée au dixième.

★ Exemple : si r = 3 cm alors $\ell = 2 \times r \times \pi = 2 \times 3 \times \pi = 6\pi$ et $\ell = 6\pi$ cm. Avec une calculatrice, on trouve ℓ = 18,84955… soit ℓ = 18,8 cm au dixième.

a. ....

b. ....

12 Avec la valeur de π donnée par la calculatrice, calculer, à la précision indiquée, la longueur d'un cercle de rayon r.

Attention aux unités.

a. $r = 4$ cm (arrondir à 0,1 mm) **b.** $r = 1\,850$ m (arrondir à 0,1 km)

a. ....

....

b. ....

....

13 Un satellite fait le tour de la planète BELIN en 2 heures. Il survole cette planète à 500 km et le rayon de cette planète est de 1 500 km.
Quelle distance parcourt ce satellite en une journée ?

....

....

....

14 Calculer la longueur de la ligne bleue ci-contre.

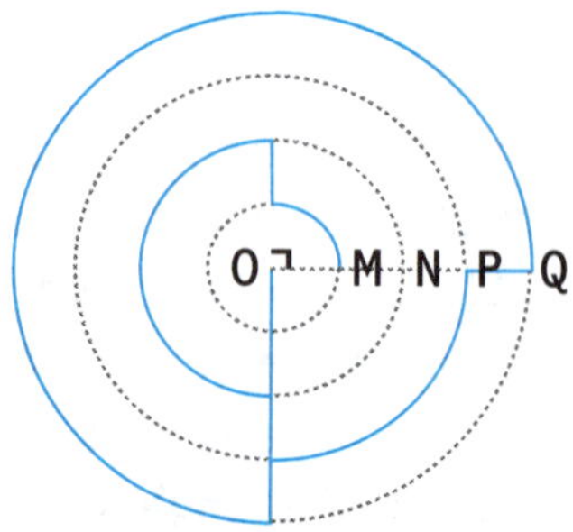

OM = MN = NP = PQ = 5 mm

....

....

....

....

....

15 Calculer la longueur de la ligne bleue de la figure ci-contre.

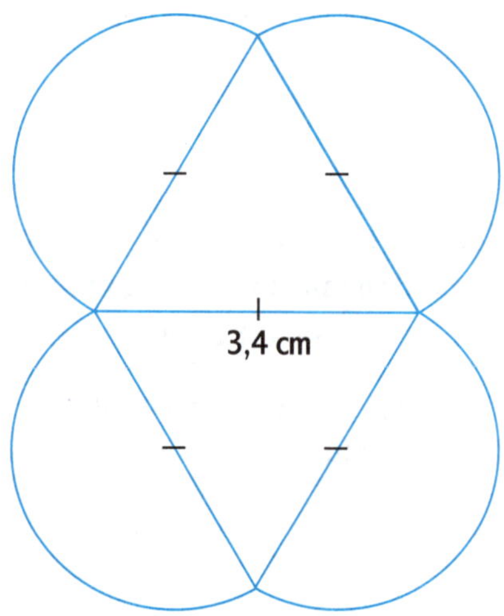

....

....

....

....

....

....

....

....

13 SYMÉTRIE AXIALE

Rappel de cours

Figures symétriques

Deux figures sont **symétriques par rapport à une droite** si ces deux figures se superposent par pliage suivant cette droite.

Points symétriques

Dire que deux points distincts A et A' sont symétriques par rapport à la droite (*d*) revient à dire que la droite (*d*) est la **médiatrice** du segment [AA'].
Remarque : le symétrique d'un point B appartenant à la droite (*d*) est le point B lui-même.

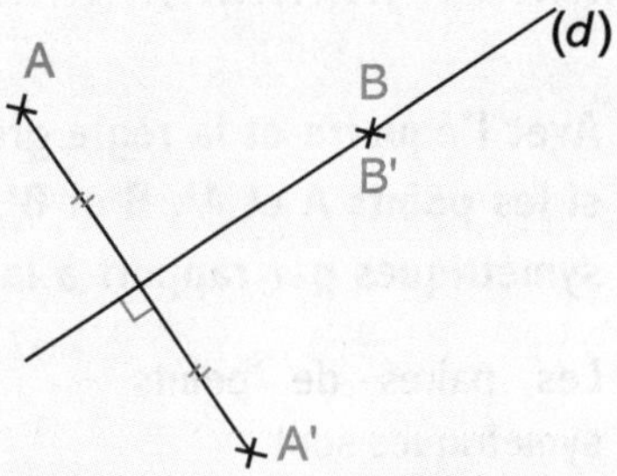

Propriétés de conservation

Dans une symétrie axiale :
• Le symétrique d'une **droite** est une **droite**.
On dit que la symétrie axiale **conserve l'alignement**.
• Le symétrique d'un segment est un **segment de même longueur**.
On dit que la symétrique axiale **conserve les distances**.
• Le symétrique d'un **angle** est un **angle de même mesure**.
On dit que la symétrie axiale **conserve les angles**.
• Deux figures symétriques sont superposables et ont donc la même aire.
On dit que la symétrie axiale **conserve les aires**.

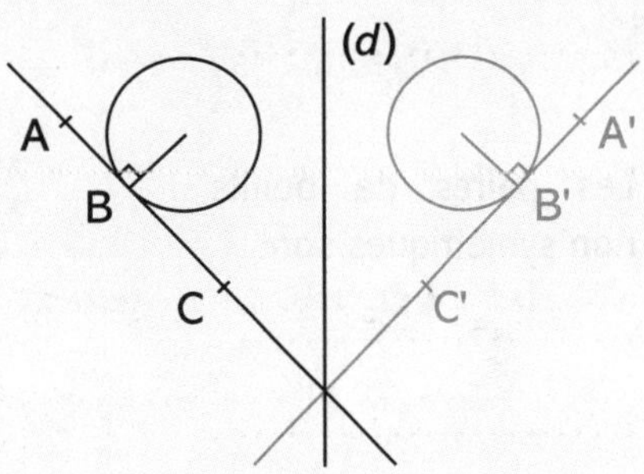

Axe de symétrie d'une figure

Un **axe de symétrie** d'une figure $\mathcal{F}$ est une droite (*d*) telle que la figure symétrique de $\mathcal{F}$ par rapport à la droite (*d*) est la figure $\mathcal{F}$ elle-même.

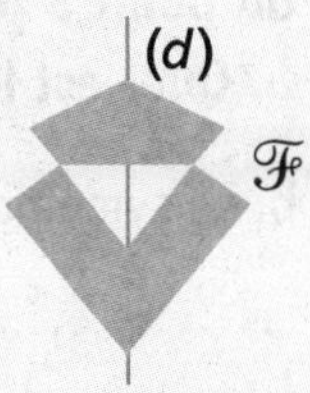

Points symétriques

1 **Le dessin de gauche devait être le symétrique du dessin de droite par rapport à (*d*). Sept erreurs se sont glissées. Lesquelles ?**

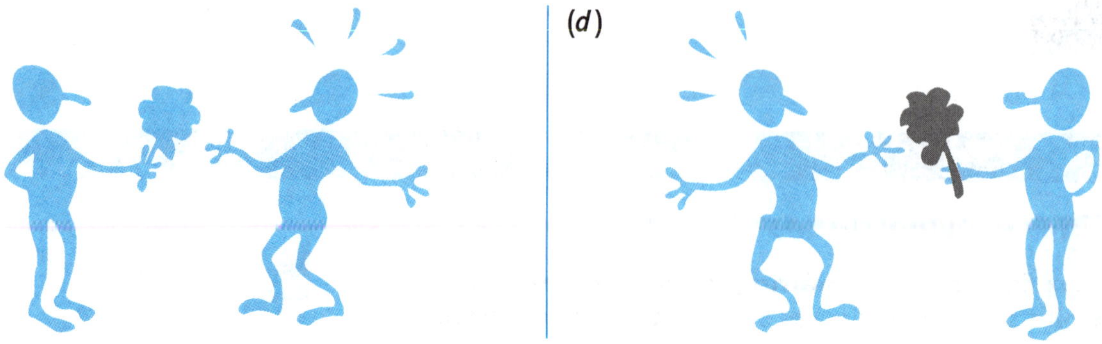

Les sept erreurs sont : ....

....

2 **Avec l'équerre et la règle graduée, rechercher si les points A et A', B et B', C et C' etc sont symétriques par rapport à la droite (*d*).**

Pour que M' soit le symétrique de M par rapport à la droite (*d*), il faut que (*d*) soit perpendiculaire à (MM') et que (*d*) passe par le milieu du segment [MM'].

Les paires de points symétriques sont

....

....

Les paires de points non symétriques sont

....

....

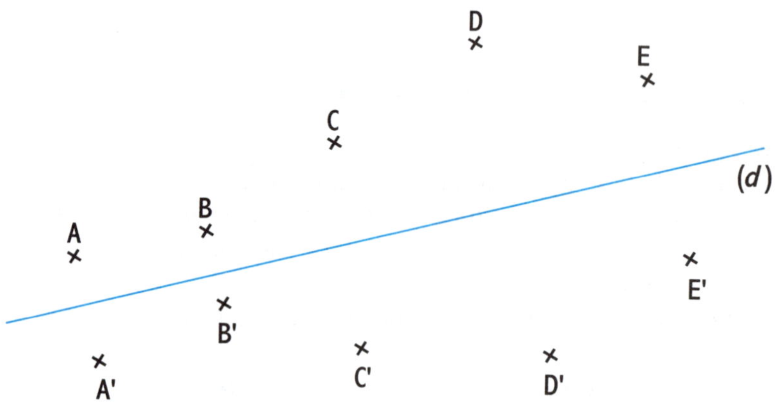

3 **a. En utilisant une équerre et une règle non graduée, construire le symétrique A' du point A par rapport à la droite (*d*), construire le symétrique B' du point B par rapport à la droite (*d*).**
b. Quel est le symétrique du point C ?

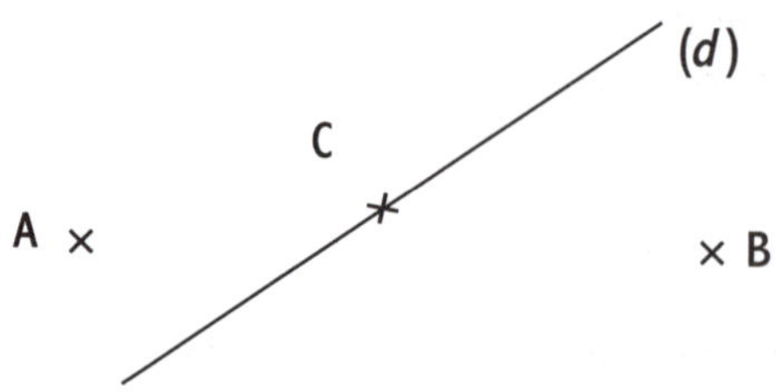

b. Le symétrique du point C est le point .... car

....

4 **Sur la figure ci-contre, la droite (AB) est la médiatrice du segment [CD] et la droite (EF) est la médiatrice du segment [AB].**

a. Coder la figure.

b. Quel est le symétrique du point D par rapport à la droite (AB) ?

c. Quel est le symétrique du point A par rapport à la droite (AB) ?

d. Quel est le symétrique du point A par rapport à la droite (EF) ?

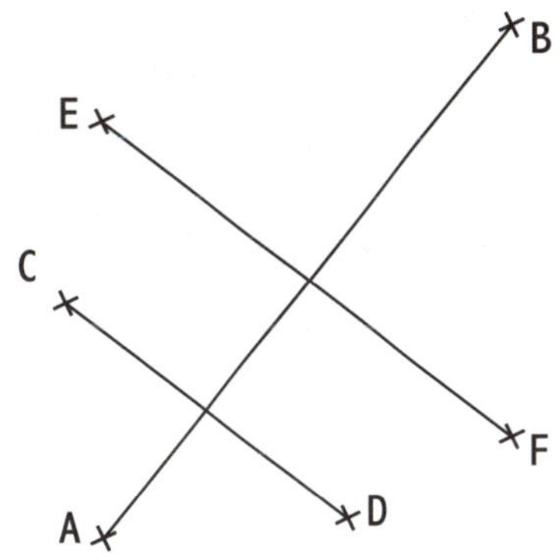

b. Le symétrique du point D par rapport à la droite (AB) est le point ....

c. ....

d. ....

Figures symétriques

5 **Construire le symétrique de chaque polygone par rapport à (*d*).**

Se servir du quadrillage.

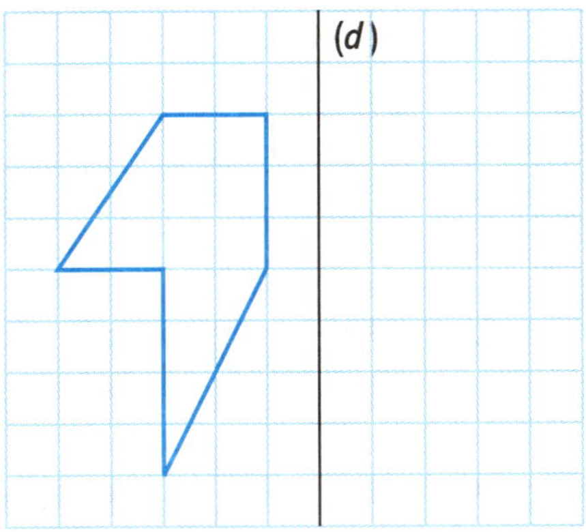

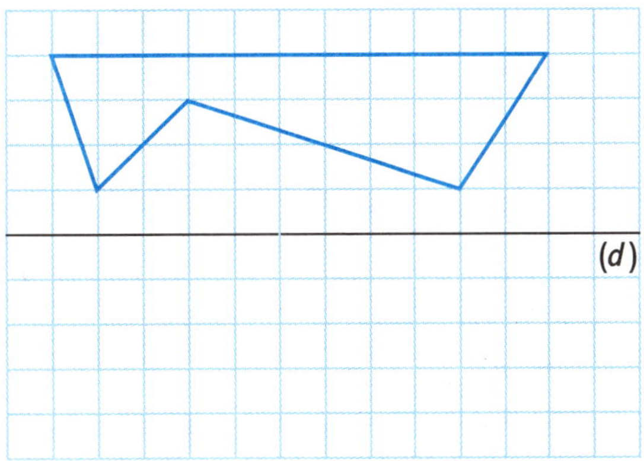

6 **Construire le symétrique du polygone BELIN par rapport à la droite (*d*).**

Construire d'abord le symétrique de chacun des points B, E, L, I et N.

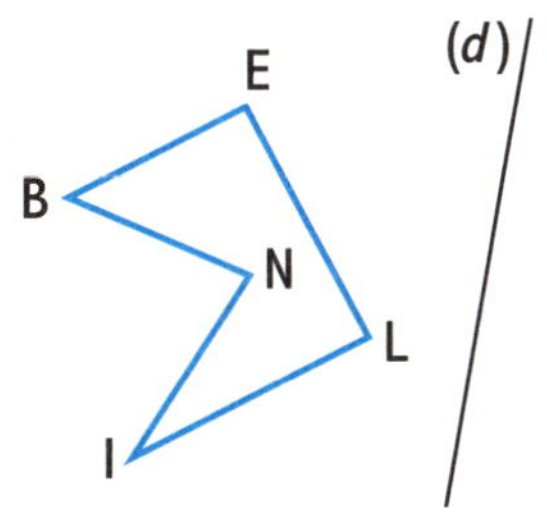

7 Sur la figure ci-dessous, on veut construire le symétrique de la droite (AB), de la droite (DE) et de la droite (FG) par rapport à la droite (*d*). On sait que la droite (AB) et la droite (*d*) sont sécantes en C, que la droite (DE) et la droite (*d*) sont parallèles et que la droite (FG) est perpendiculaire à (*d*).
Réaliser ces constructions en utilisant le moins de points possibles.

Construire d'abord le symétrique de chaque point.

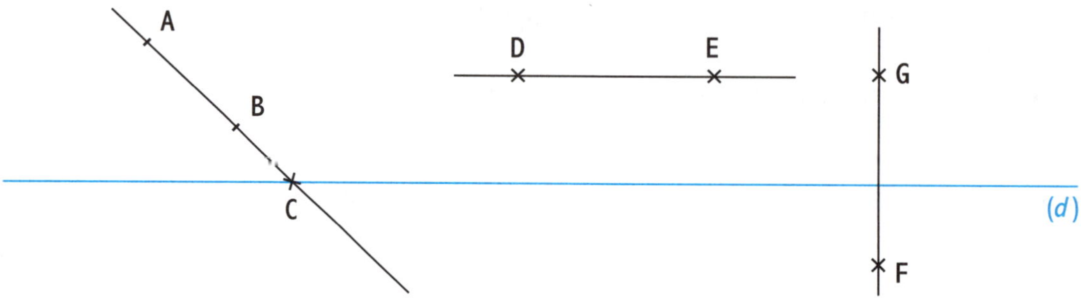

8 Sur la figure ci-dessous, ABC est un triangle rectangle isocèle en A. Dans la symétrie par rapport à (*d*), D est le symétrique de A, E est le symétrique de B et F est le symétrique de C.

a. Que peut-on dire des segments [DE] et [DF] ?

b. Que peut-on dire des droites (DE) et (DF) ?

c. Quelle est la nature du triangle EDF ?

Par exemple, un triangle RST rectangle isocèle en S veut dire : SR = ST (SR) ⊥ (ST)

a. ....

....

b. ....

....

c. ....

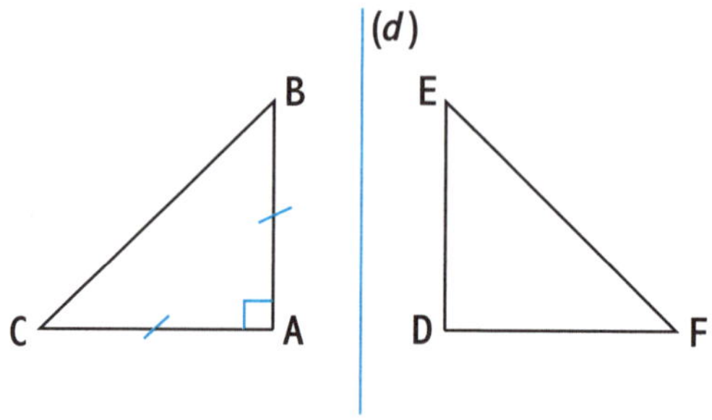

9 Dans chacun des cas suivants, construire en rouge le symétrique du cercle ($\mathscr{C}$) par rapport à la droite (*d*).

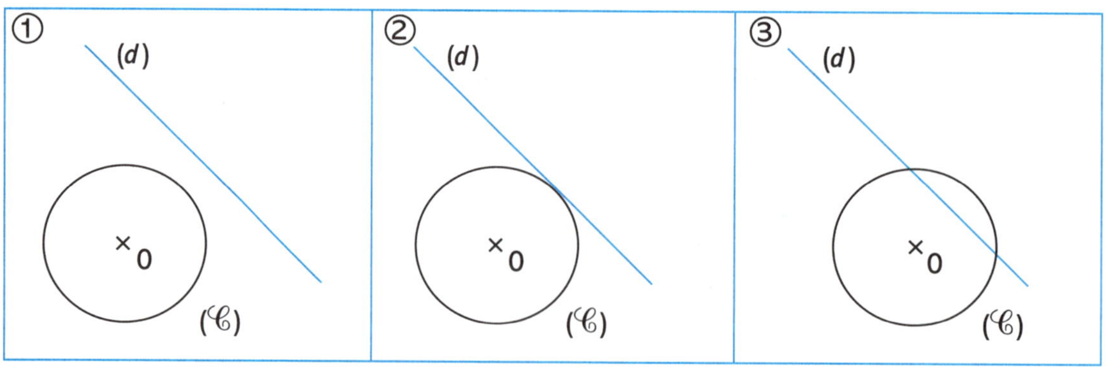

10 **Sur la figure ci-dessous,**

a. Avec la règle graduée et le rapporteur, construire le point E symétrique du point B par rapport à la droite (*d*).

b. Avec le compas, construire le point F symétrique du point C par rapport à la droite (*d*).

c. Calculer la mesure de l'angle $\widehat{BAE}$; justifier.

d. Que représente la droite (*d*) pour le segment [CF] ?

e. Calculer le périmètre du triangle AEF ; justifier.

a. b.

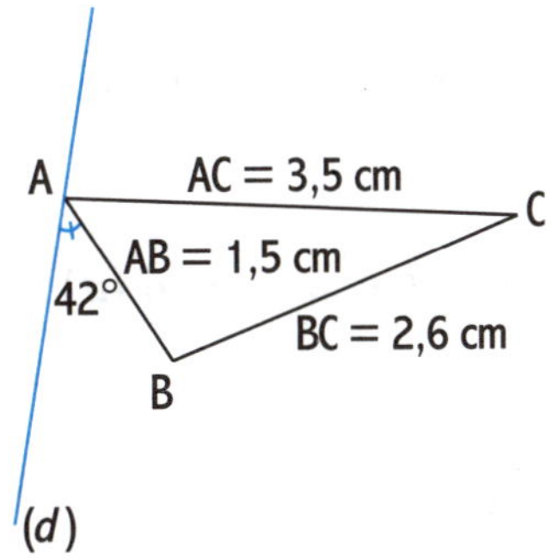

c. ....

d. ....

e. ....

Axes de symétrie

11 **La figure ci-contre a deux axes de symétrie, les dessiner en rouge.**

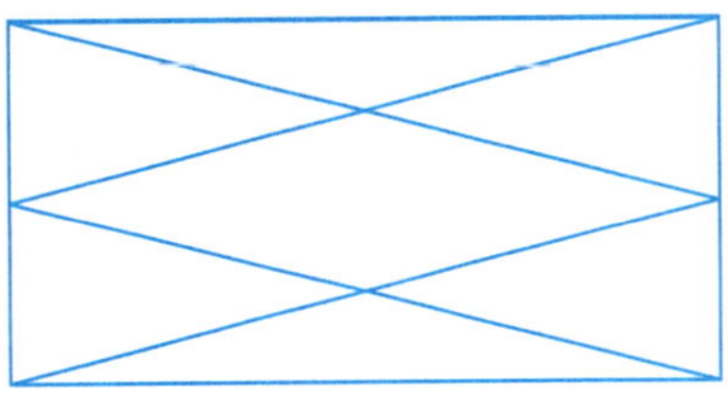

12 **Colorier la figure ci-dessous pour qu'elle ait deux axes de symétrie.**

Il y a trois possibilités.

13 Parmi les quatre figures ci-dessous indiquer les deux figures qui ont un axe de symétrie, et les deux figures qui n'ont pas d'axe de symétrie.

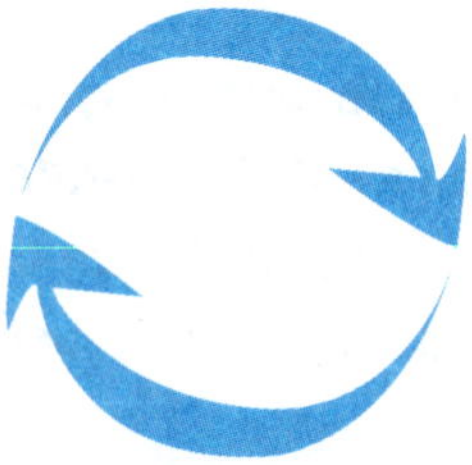

Axe de symétrie ☐
Pas d'axe de symétrie ☐

Axe de symétrie ☐
Pas d'axe de symétrie ☐

Axe de symétrie ☐
Pas d'axe de symétrie ☐

Axe de symétrie ☐
Pas d'axe de symétrie ☐

14 Compléter la figure ci-dessous pour que (*d*) soit un axe de symétrie.

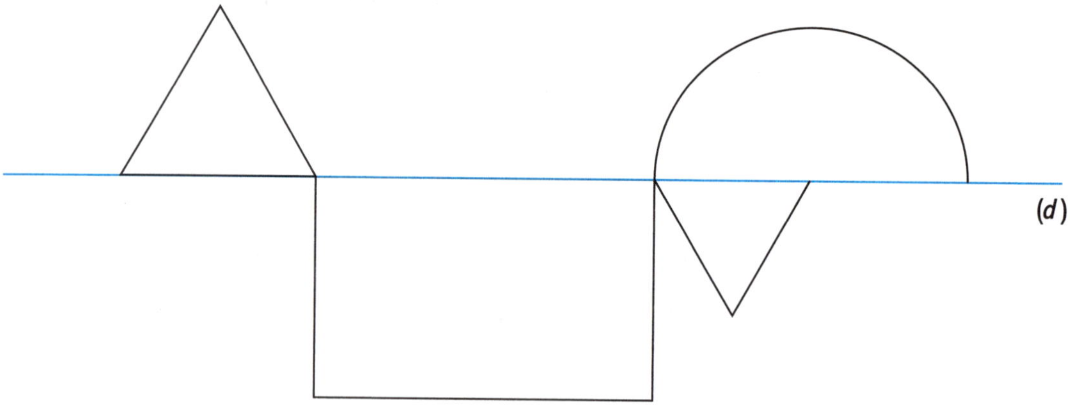

15 Dessiner une figure qui a trois axes de symétrie, mais trois seulement.

16 Quels sont les nombres entiers de 1 à 30 qui admettent un axe de symétrie dans leur écriture en numération romaine ?

V représente cinq.
X représente dix.
Par exemple, 27 s' écrit XXVII.

....

....

....

14 FIGURES SYMÉTRIQUES

Rappel de cours

Triangles particuliers et symétrie axiale

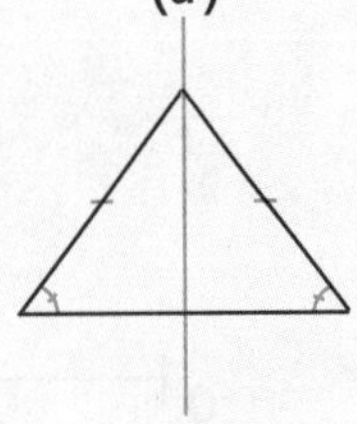

• Un **triangle isocèle** a un axe de symétrie : la médiatrice de sa base.
Cet axe de symétrie est aussi la bissectrice de l'angle au sommet principal.
Si un triangle est isocèle, alors **ses angles à la base ont la même mesure**.

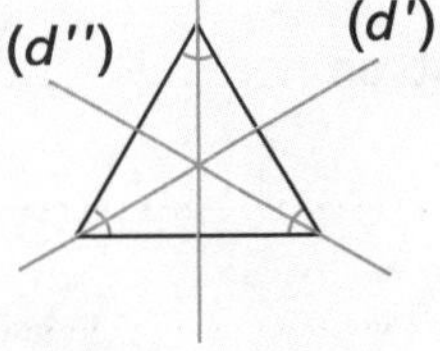

• Un **triangle équilatéral** a trois axes de symétrie : les médiatrices de ses côtés.
Ces trois axes de symétrie sont aussi les bissectrices des angles du triangle équilatéral.
Si un triangle est équilatéral, alors ses **trois angles ont la même mesure**.

Quadrilatères particuliers et symétrie axiale

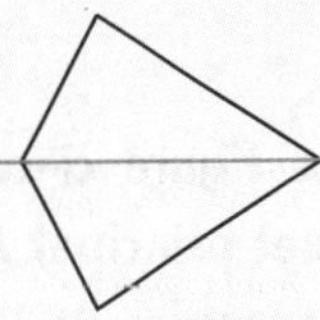

• Un **cerf-volant** est un quadrilatère qui a au moins un axe de symétrie : une de ses diagonales.
• Un **losange** a deux axes de symétrie : ses diagonales.
Si un quadrilatère est un losange, alors :
– ses angles opposés ont la même mesure ;
– ses diagonales sont les bissectrices de ses angles ;
– ses diagonales sont **perpendiculaires et ont le même milieu**.
• Un **rectangle** a deux axes de symétrie : les médiatrices des côtés.
Si un quadrilatère est un rectangle, alors :
– ses côtés opposés sont **parallèles** et ont la **même longueur** ;
– ses diagonales ont le **même milieu** et la **même longueur**.
• Un **carré** est à la fois un losange et un rectangle, il a donc quatre axes de symétrie :
– ses diagonales ;
– les médiatrices des côtés.
Si un quadrilatère est un carré, alors ses diagonales ont le **même milieu**, la **même longueur** et sont **perpendiculaires**.

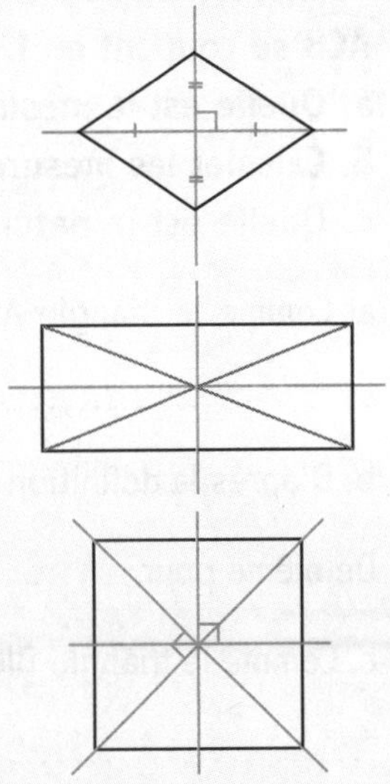

Triangle isocèle. Triangle équilatéral

1 **a.** **Construire un triangle ISO isocèle en S tel que IO = 8 cm et SO = 6 cm.**
b. **Placer le point C milieu du segment [IO]. Que représente la demi-droite [SC) pour l'angle $\widehat{ISO}$?**

a.

b. Comme le triangle ISO est un triangle .... en ......, alors la droite ....

est un .... Cet .... est aussi

la ...., donc ....

....

2 **Sur la figure ci-contre le triangle ABC est isocèle de sommet principal A tel que $\widehat{ABC} = 56°$.**
La bissectrice de l'angle $\widehat{ABC}$ et la bissectrice de l'angle $\widehat{ACB}$ se coupent en I.
a. **Quelle est la mesure de l'angle $\widehat{ACB}$? Pourquoi ?**
b. **Calculer les mesures des angles $\widehat{IBC}$ et $\widehat{ICB}$.**
c. **Quelle est la nature du triangle BIC ? Pourquoi ?**

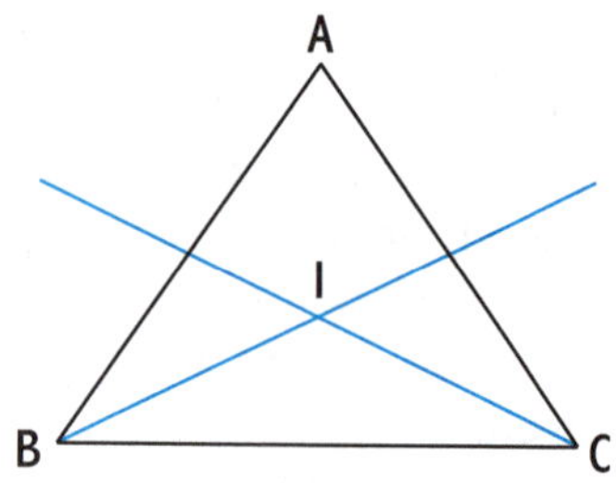

a. Comme le triangle ABC est .... en A, les .... sont

...., donc ...... = ... = ...

b. D'après la définition de la .... ; $\widehat{IBC} = \frac{\cdots\cdots}{2} = \cdots\cdots$.

De même pour .... ; $\widehat{ICB} = \cdots\cdots$.

c. Comme le triangle BIC a ....

....

3 **Sur la figure ci-dessous, le cercle $\mathscr{C}$ de centre A qui passe par B et le cercle $\mathscr{C}'$ de centre B qui passe par A se recoupent en E et F. On a AB = 2 cm.**

> Tous les points situés sur un cercle de centre O sont à la même distance du centre O.

a. Donner les longueurs des segments [AE], [AF], [BE] et [BF].

b. Quelle est la nature des triangles AEF et EBF ? des triangles AEB et AFB ? Justifier.

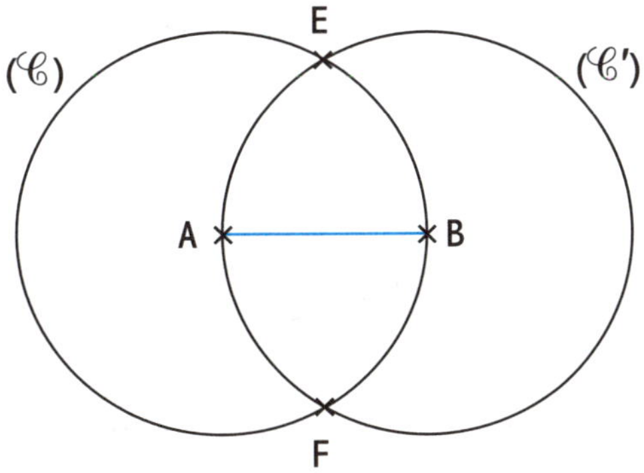

a. Comme le point E appartient au cercle ...., alors AE = ...

....

b. ....

....

....

....

4 **Tracer un triangle ABC équilatéral de périmètre 12,9 cm et tracer en rouge ses trois axes de symétries.**

> Dans un triangle équilatéral, les trois côtés sont égaux donc un côté mesure…

A

Cerf-volant. Losange

5 a. Sur la figure ci-dessous, quelle est la nature du quadrilatère ABCD ?
b. Tracer en rouge son ou ses axes de symétrie.
c. Pourquoi a-t-on $\widehat{BAC} = \widehat{BCA}$?

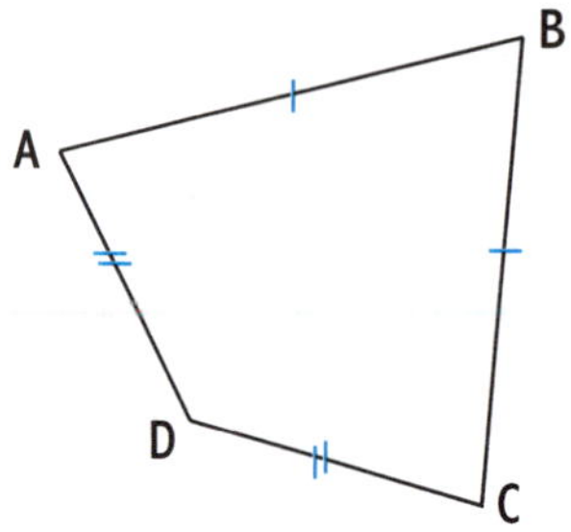

a. Comme.., alors

....

c. Comme.., alors

....

6 Construire un cerf-volant LAIT de périmètre 14 cm. Est-il unique ?

....

7 Le quadrilatère ABCD est un losange.
a. Indiquer six égalités de longueurs.
b. Indiquer quatre égalités d'angles.
c. Indiquer deux droites de la figure qui sont perpendiculaires.

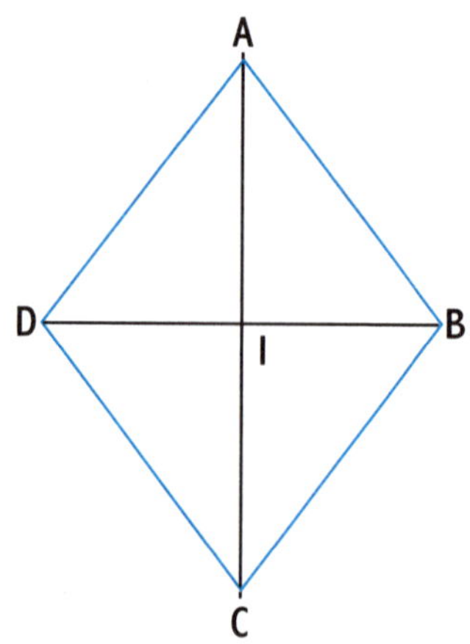

a. ....

....

b. ....

c. ....

8 **Construire un losange ABCD tel que AC = 10 cm et BD = 5 cm.**

Se servir des diagonales.

Rectangle. Carré

9 **Le quadrilatère ABCD est un rectangle.**
a. Indiquer six égalités de longueurs.
b. Indiquer quatre égalités d'angles.
c. Indiquer deux droites de la figure qui sont perpendiculaires.

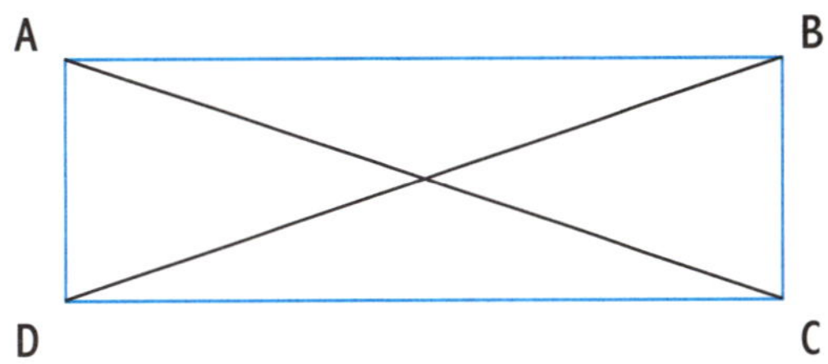

a. ....

....

b. ....

c. ....

10 **Les droites (*d*) et (*d'*) sont perpendiculaires. Construire le rectangle ABCD dont les axes de symétrie sont (*d*) et (*d'*).**

Il faut connaître les propriétés du rectangle.

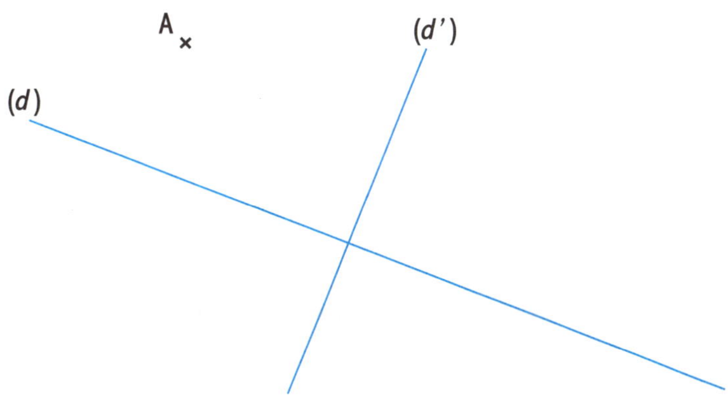

11

a. **Construire un cercle (𝒞) de centre O et de rayon 2 cm.**

b. **Placer deux point A et B sur ce cercle. La demi-droite [AO) recoupe le cercle (𝒞) en P et la demi-droite [BO) recoupe le cercle (𝒞) en Q.**
Quelle est la nature du quadrilatère ABPQ ? Justifier.

a.

b. ....

....

....

....

12

a. **Construire un carré ABCD de périmètre 12 cm.**

b. **Construire, avec seulement la règle graduée, les quatre axes de symétrie de ce carré.**

13

a. **Construire un triangle équilatéral ABC de périmètre 9 cm.**

b. **Construire, à l'extérieur du triangle ABC, les trois carrés ABDE, AFGC et BCIJ.**

c. **Construire le ou les axes de symétrie de la figure obtenue.**

A

15 Parallélépipède rectangle. Volume

Rappel de cours

Description, représentation et patron

- Un **parallélépipède rectangle** est un solide qui possède six faces rectangulaires.
- Un **cube** est un parallélépipède rectangle dont toutes les faces sont des carrés.
- Un **patron d'un solide** est une surface plane qui, après pliage, permet de fabriquer ce solide sans superposition de deux faces.

Il existe plusieurs patrons d'un même solide.

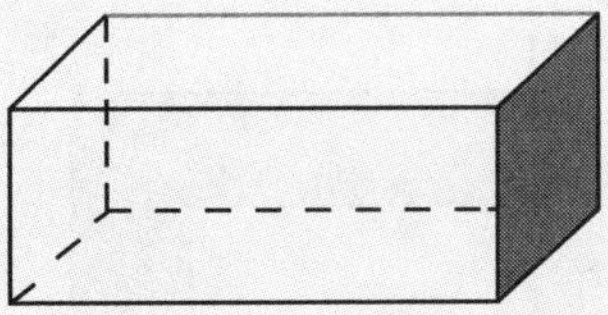

parallélépipède rectangle

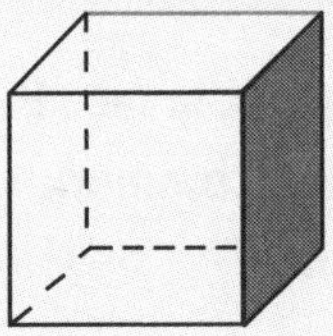

cube

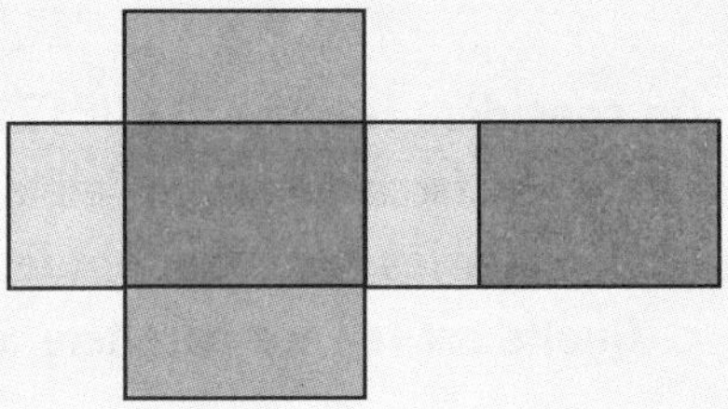
patron

Unités de volume

L'unité de volume est le mètre cube, noté m^3.
Un mètre cube ($1\ m^3$) est le volume d'un cube d'arête 1 m.
On utilise aussi : – les multiples du m^3 : le km^3, le hm^3 et le dam^3 ;
– les sous-multiples du m^3 : le dm^3, le cm^3 et le mm^3.
$1\ cm^3 = 1\,000\ mm^3$; $1\ m^3 = 1\,000\ dm^3$; $1\ dam^3 = 1\,000\ m^3$; $1\ hm^3 = 1\,000\ dam^3$; $1\ km^3 = 1\,000\ hm^3$.
Correspondance entre les unités de volume et les unités de capacité :
$1\ L = 1\ dm^3$ donc $1\ mL = 1\ cm^3$

Volume d'un parallélépipède rectangle

Le volume $\mathcal{V}$ d'un parallélépipède rectangle s'obtient en multipliant ses trois dimensions exprimées dans la même unité.
Si les dimensions sont exprimées en cm, alors le volume $\mathcal{V}$ est exprimé en cm^3.
Exemple : AB = 5 cm, AE = 2,5 cm et AD = 3 cm.
$\mathcal{V} = 5 \times 2,5 \times 3 = 37,5$ soit $\mathcal{V} = 37,5\ cm^3$.

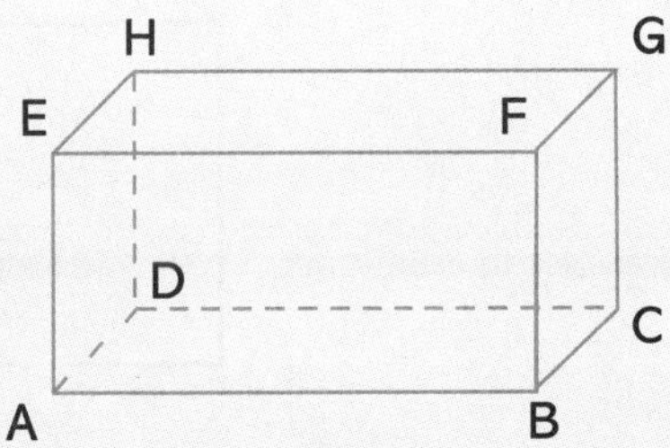

Description et représentation d'un parallélépipède rectangle

1 **Voici ci-contre la représentation d'un parallélépipède rectangle.**
a. Citer les 6 faces.
b. Citer les 12 arêtes.
c. Citer les 8 sommets.

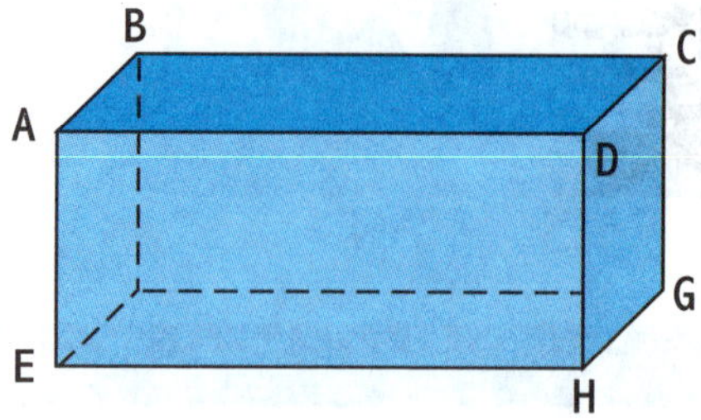

a. Une des six faces est ADHE, les cinq autres sont :

....

b. Une des douze arêtes est [AE], les onze autres sont : ....

....

c. Un des huit sommets est A, les sept autres sont : ....

....

2 **On considère le cube NLKUPTZM.**
a. Citer les faces qui ont une arête en commun avec la face PTZM.
b. Nommer les faces qui ont le sommet U en commun.
c. Quelle est la face parallèle à la face TZKL ?

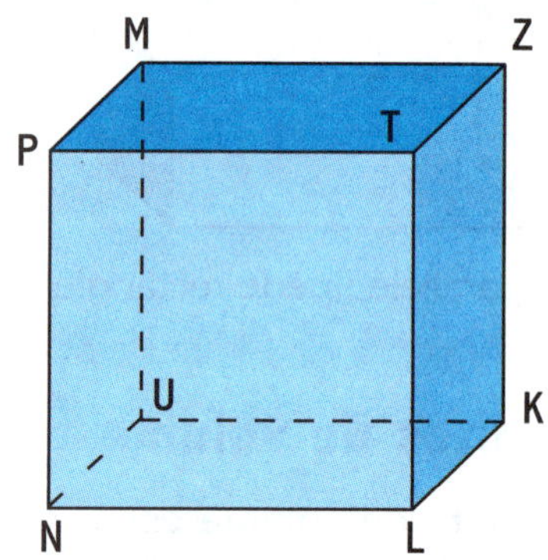

a. Les faces qui ont une arête en commun avec la face PTZM

sont ....

....

b. ....

c. ....

3 **Sur le quadrillage ci-dessous, on a commencé le dessin en perspective d'un parallélépipède rectangle. Achever le dessin.**

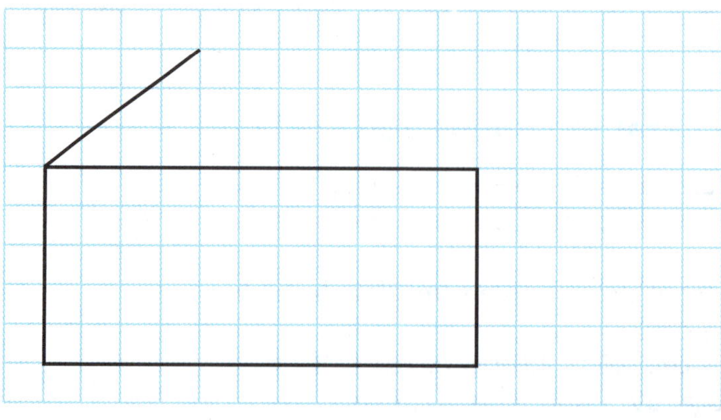

Patron d'un parallélépipède rectangle

4 **Les deux figures ci-dessous sont-elles les patrons d'un parallélépipède rectangle ? Justifier.**

Figure 1

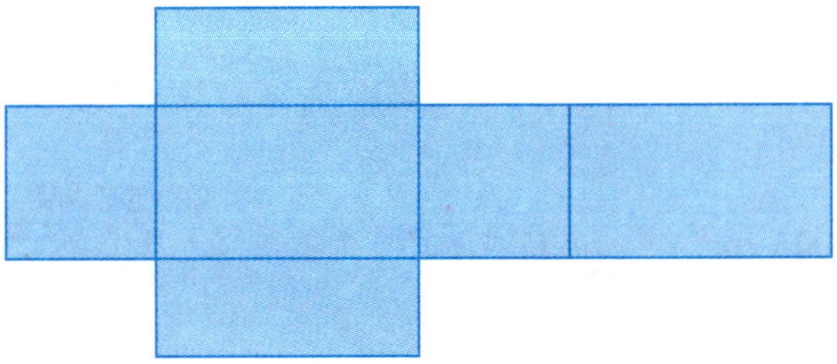

Figure 2

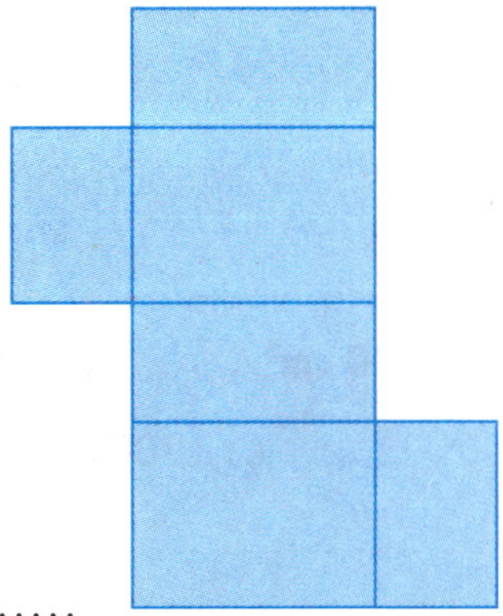

....

....

5 **Les trois figures ci-dessous sont-elles les patrons d'un cube ? Justifier.**

Figure 1

Figure 2

Figure 3

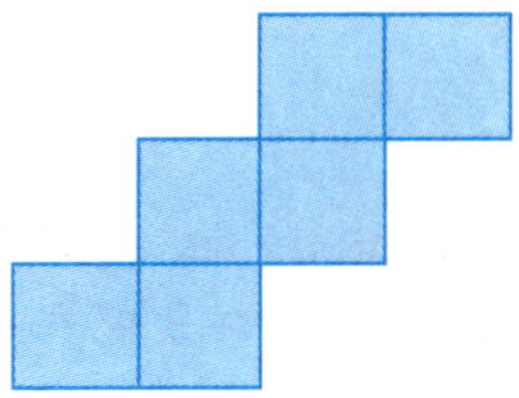

....

....

6 **Construire un patron d'un parallélépipède rectangle de dimensions 1 cm, 2 cm et 2 cm.**

Unités de volume et de capacité

7 **Convertir en cm^3 :**

$1\ dm^3 = 1\ 000\ cm^3$

5 dm^3 — 12,3 dm^3 — 0,45 dm^3 — 0,023 dm^3.

★ Exemple : $2,7\ dm^3 = 2,7 \times 1\ 000 = 2\ 700\ cm^3$.

....

....

8 **Convertir en dm^3 :**

$1\ cm^3 = 0,001\ dm^3$

45 000 cm^3 — 500 cm^3 — 2 005 cm^3 — 12,3 cm^3.

★ Exemple : $2\ 700\ cm^3 = 2\ 700 \times 0,001 = 2,7\ dm^3$.

....

....

9 **Convertir en m^3 :**

$1\ dm^3 = 0,001\ m^3$

4 000 dm^3 — 456 dm^3 — 56,5 dm^3 — 0,2 dm^3.

★ Exemple : $2\ 700\ dm^3 = 2\ 700 \times 0,001 = 2,7\ m^3$.

....

....

10 **Compléter les égalités suivantes en indiquant les unités de volume.**

$3,456\ m^3 = 3\ 456$ ...... — **$0,012$ ...... $= 12\ cm^3$** — **$4,56\ cm^3 = 4\ 560$ ......**

$45\ 000\ 000$ ...... $= 45\ dm^3$ — **$0,000\ 005\ m^3 = 5$ ......** — **$1\ 785\ 456$ ...... $= 1\ 785,456\ cm^3$**

11 **Convertir en L :**

$1\ L = 1\ dm^3$

7,45 dm^3 — 200 000 cm^3 — 0,08 m^3 — 45,24 m^3.

★ Exemple : $2,7\ m^3 = 2,7 \times 1\ 000 = 2\ 700\ dm^3 = 2\ 700\ L$

....

12 **Classer par ordre croissant les volumes suivants :**

4,56 L ; 0,456 m^3 ; 456 cm^3 ; 4 560 mm^3 et 0,004 560 dam^3.

Par ordre croissant, veut dire du plus petit au plus grand.

....

....

Volume d'un parallélépipède rectangle

13 Dans chacun des cas suivants, calculer le volume d'un parallélépipède rectangle dont les arêtes ont pour longueurs *a*, *b*, et *c* :

Attention aux unités.

a. *a* = 7 cm   *b* = 2 cm   *c* = 4 cm
b. *a* = 1,5 dm   *b* = 40 cm   *c* = 6 dm
c. *a* = 45 mm   *b* = 3,2 cm   *c* = 0,02 m

a. ....

b. ....

c. ....

14 Dans chacun des cas suivants, calculer la valeur manquante.

a.

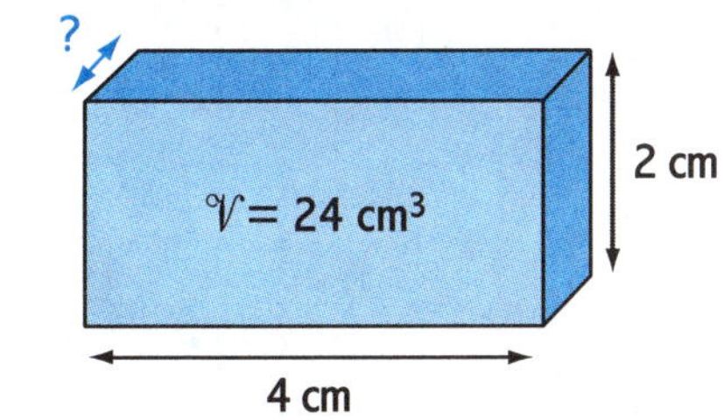

b.

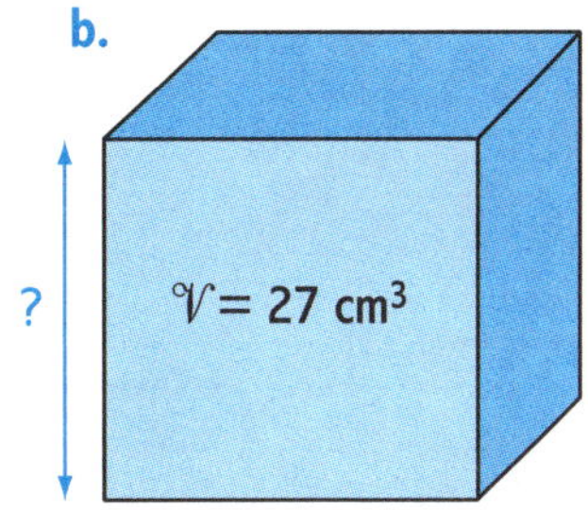

Penser aux produits comme $2 \times 2 \times 2$, $3 \times 3 \times 3$

c.

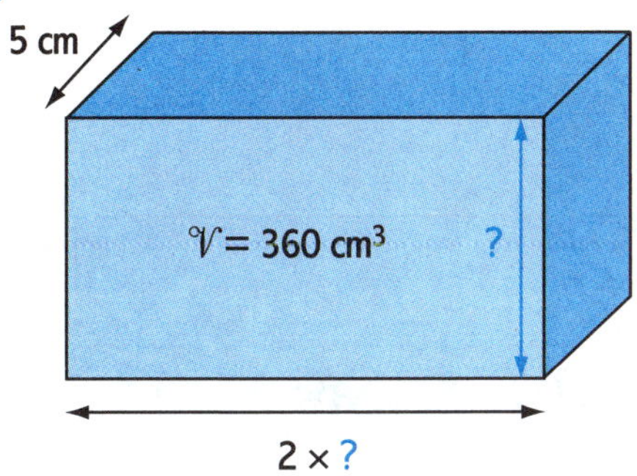

d.

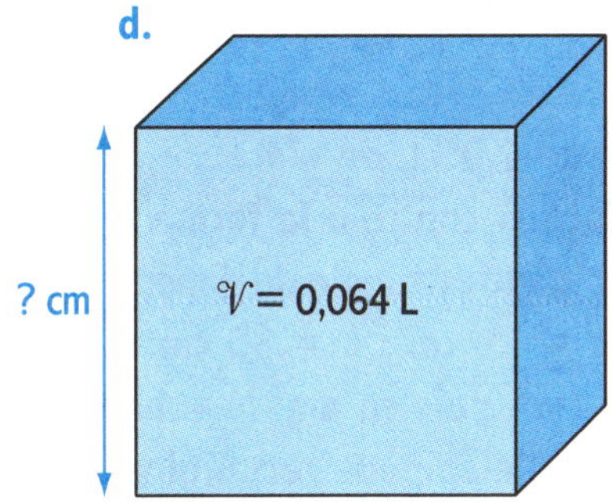

Convertir 0,064 L en dm³ puis en cm³

a. ....   b. ....

c. ....   c. ....

15 Quelle doit être la longueur d'un parallélépipède rectangle de largeur 8 cm et de hauteur 3 cm, pour avoir le même volume qu'un cube de 6 cm d'arête ?

Commencer par calculer le volume du cube.

....

....

16 Un aquarium a la forme d'un parallélépipède rectangle.
Il mesure 1,80 m de long, 40 cm de large et sa hauteur est 60 cm.
Quel temps faudra-t-il pour remplir cet aquarium aux trois quarts de sa hauteur si on utilise un tuyau branché sur un robinet qui donne 2 L d'eau en 10 s ?

1 min = 60 s
1 h = 60 min

....

....

....

....

17 L'objet représenté ci-dessous comporte neuf cubes. Quel est son volume ?

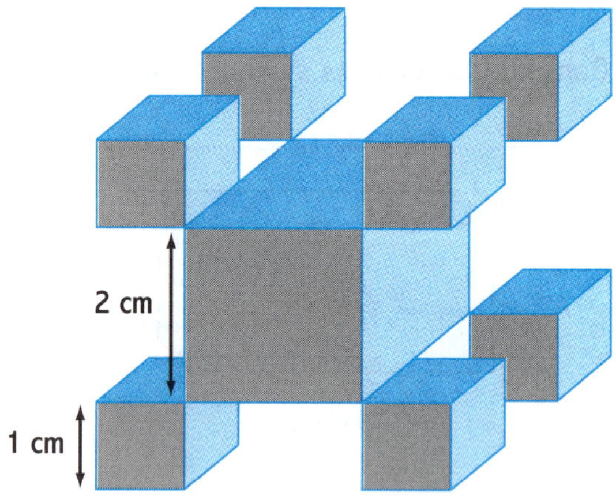

....

....

....

....

....

....

18 1 L d'eau donne 1,09 L de glace.
Le bloc de glace ci-contre à la forme d'un parallélépipède rectangle de dimensions :
$L = 60$ cm ; $h = 20$ cm ; $\ell = 30$ cm.

a. Calculer en cm^3, puis en dm^3 le volume de glace de ce parallélépipède rectangle.

b. Quel volume d'eau, en litre, a-t-il été nécessaire de congeler pour obtenir ce bloc de glace ?

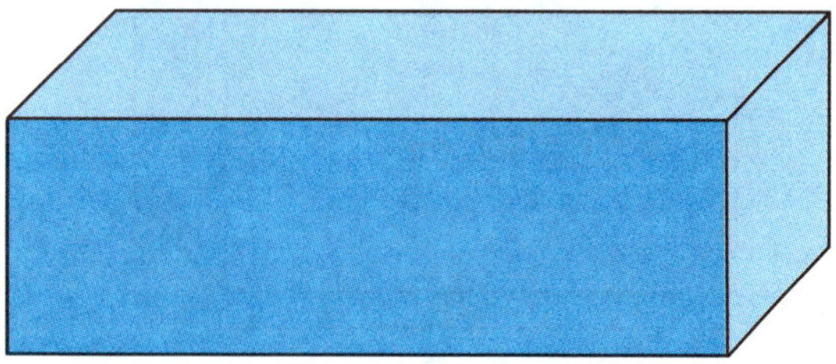

a. ....

....

....

b. ....

....

....

Imprimé en France par Mame à Tours
N° d'édition : 004124-01 - Dépôt légal : avril 2005